진중권

보수를
말하다

진중권

보수를
말하다

동아일보사

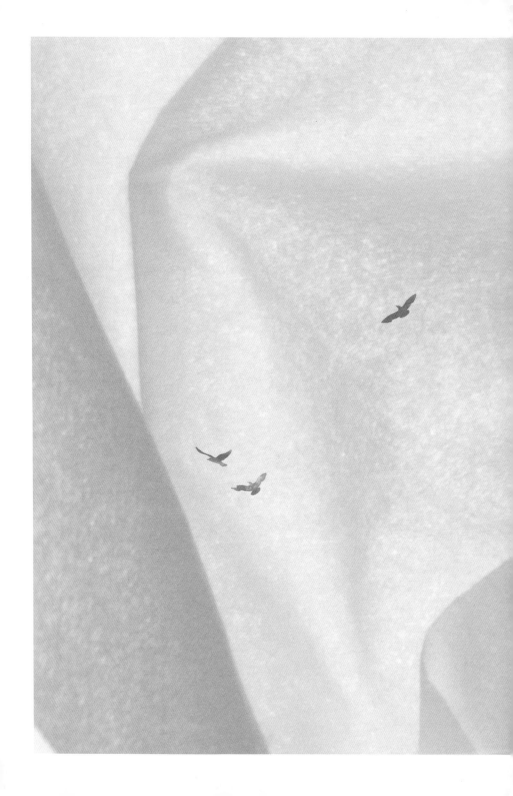

새 는   두 날개로   난 다

바깥의 시선

　문재인 정권이 폭주를 하고 있다. 거기에는 여러 가지 이유가 있을 게다. 180석에 달하는 압도적 의석, 코로나19 사태라는 비상한 위기 상황, 586세대 특유의 운동권 마인드 등등. 하지만 폭주의 가장 큰 원인은 이를 견제해야 할 제1야당이 제 역할을 못 하는 데서 찾아야 할 것이다. 민심은 이미 정권을 떠나기 시작했다. 하지만 그렇게 떠난 민심은 어느 곳에도 마음을 두지 못한 채 부유하고 있다. 야당이 아직 국민에게 믿음을 주지 못하고 있기 때문이다. 분명 정권의 독선과 위선에 대한 분노는 존재하나 그 이상으로 강렬한 것이 바로 보수에 대한 국민의 비토 정서다.

　과거에는 집권 여당이 잘못하면 야당이 반사이익을 누렸다. 지금은 다르다. 아무리 여당이 폭주해도, 그 지지가 야당으로 향하지 않는 현상이 지속되고 있다. 보수가 지금과 달라지지 않는 한 아마 이 상황에는 변함이 없을 것이다. 지난 네 번의 선거에서 연거푸 패배했다면 지금쯤 자신들을 돌아볼 필요도 있다. 보수가 던져야 할 질문은 이것이다. 그동안 한국 사회의 정치적·문화적 지형이 어떻게 변화했는가? 보수는 어쩌다 그 도도한 시대 흐름에 뒤처지고 말았는가? 그리하여 지금은 어떤 상황에 놓여 있고, 국민은 그런 보수를 어떤 눈으로 바라보는가?

　보수는 과거 반성 위에서 새 출발을 해야 한다. 반성에는 냉정한 자기 인식이 필요하다. 문제는 그들에게 자신을 객관화할 능력이 없어 보인다는 데 있다. 보수는 여전히 저만의 좁은 세계에 갇혀 자기들의 모습이 국민 눈에 어떻게 비치는지 모른다. 이 사회 주류였을 때, 그리하여 자기들의 생각이 곧 사회의 지배적 생각이었을 때는 굳이 남의 눈을 신경 쓸 필요가 없었다. 하지만 그 좋은 시절은 이미 오래전 지났다. 이를 깨닫지 못하고 보수는 다수이자 주류인 시절에 가졌던 낡은 습속을 고집하다 대중으로부터 완전히 고립돼버렸다.

자신을 객관화하는 것은 누구에게나 어려운 일이다. 그럴 때는 타인의 눈을 빌리는 것이 도움이 될 수 있다. 이 책에는 그 '타자'의 눈에 비친 한국 보수의 모습을 담았다. 아울러 국민이 바라는 새로운 보수의 모습이 어떤 것인지 되도록 중립적 시각에서 전달하려했다. 어쩌면 보수도 아니면서 보수의 모습을 비판하고, 그쪽 속사정을 알지도 못하면서 미래에 대해 조언하는 것 자체가 주제넘은 일인지도 모른다. 그저 외부자의 그 주제넘음이 한국 보수가 지금의 답답한 상태에서 벗어나 화려하게 부활하는 데 조금이라도 도움이 되기를 바랄 뿐이다.

2020년 가을
성산동에서

차 례

2 장

잃어버린 보수의 품격을
되찾으려면

3장

보수를 어떻게
리모델링할 것인가

4장

싸움의 기술,
어떻게 싸울 것인가

끝마치며
새는 두 날개로 난다

1장

시대정신을 놓친 보수

공포와 습관의 정치
'좌빨' 늪에 빠진 보수주의
보수여, 미래를 기획하라
보수가 젊어지려면
국부의 나라를 시민의 나라로

공포와 습관의
정치

◉　원숭이와 물벼락

　카이스트(KAIST) 정재승 선생에게서 들은 얘기다. 과학자들이
원숭이들을 대상으로 실험을 했다. 마당 한가운데 장대를 세워놓
고 그 끝에 한 묶음의 바나나를 매달아 놓는다. 당연히 원숭이들은
바나나를 따 먹으려 장대를 오르기 시작했다. 하지만 원숭이들이
바나나에 닿을 즈음 위에서 물벼락이 내렸다. 원숭이들은 혼비백
산해 장대로부터 도망쳤다. 그 후 원숭이들은 장대 위 바나나를 거
들떠보지도 않았다고 한다.

　흥미로운 것은 그다음이다. 과학자들은 원숭이 무리의 멤버를

조금씩 교체해나갔다. 아무것도 모르는 신참 원숭이들은 당연히 바나나를 따 먹고자 장대를 오르려 했다. 그때마다 고참 원숭이들은 기를 쓰고 말렸다. 멤버 교체는 계속돼 마침내 무리 전체가 물벼락을 맞아보지 못한 신참들로 채워졌다. 하지만 그때조차도 원숭이들은 장대에 오를 엄두를 못 냈다. 물벼락 장치가 이미 오래전 제거됐음에도 말이다.

그 뒷얘기는 듣지 못했다. 하지만 대충 상상할 수 있다. 영문도 모른 채 바나나를 따 먹지 못하는 상태가 지속되면 언젠가 몇 놈이 부조리한 상황에 의문을 품을 것이다. '왜 따 먹으면 안 되는 거지?' 아마 그렇게 생각하는 놈들이 무리의 만류를 뿌리치고 용감하게 장대에 올라, 바나나를 따 먹어도 아무 일 없음을 몸으로 증명해 보였을 것이다. 이로써 한 시대가 지나가는 것이다.

인간을 원숭이에 비유한다면 원숭이에게 큰 모욕이겠지만 인간 사회도 별반 다르지 않다. 이는 한국 보수진영에서 벌어진 일이다. 장대를 오르려는 신참을 뜯어말리는 고참들의 행동은 처음에는 지극히 '합리적인' 대응이었다. 하지만 물벼락 장치가 사라진 상황에서도 똑같이 행동하는 것은 아둔한 일이다. 그 어리석음의 결과로 한국 보수는 주도권을 빼앗겼다.

● 공포와 습관의 정치

한국 보수는 물벼락이 사라진 사실을 몰랐다. '공포'와 '습관'에 의존해 통치해왔고, 이게 얼마나 효과적이었던지 변화하는 상황을 인식하고 싶어 하지도 않았다. 그들은 아주 오랫동안 6·25전쟁이라는 물벼락의 기억을 대중에게 상기시키는 것만으로도 선거에서 쉽게 이길 수 있었다. 그래서 환경이 크게 바뀌었는데도 여전히 대중의 의식 속에는 과거 상황이 그대로 자리한다고 착각한 것이다.

공포에 사로잡힌 사람은 이성이 마비되기 마련이다. 이럴 땐 비판적·합리적으로 사고하기보다 두뇌 스위치를 내리고 습관에 따라 살아가게 된다. 이런 태도를 우리 사회에서는 그동안 '보수'라고 불러왔다. 그것으로 선거에서는 꽤 재미를 봤지만, 반복되는 공포 마케팅이 결국 보수 지지층의 지적 수준을 떨어뜨리는 결과도 가져왔다.

물론 그 공포가 한때는 합리적 감정이었을 것이다. 한강의 기적보다 빨랐던 것이 대동강의 기적이다. 1960년대까지만 해도 북한 국력은 남한을 능가했다. 그때 북한은 '고려연방제'를 내세워 통일 전선전술로 적화통일을 추구할 뜻을 감추지 않았고, 남한은 군사적·외교적으로 우위에 선 북한에게 정말로 생존의 위협을 받았다. 1975년 월남 패망 소식이 들려왔을 때 그 스산한 분위기를 아직도 기억한다.

하지만 늦어도 1980년대 이후 남북의 체제경쟁은 남한의 승리로 끝났다. 1987년 6월 항쟁의 승리로 남한이 경제뿐 아니라 정치 영역에서도 북한보다 우월하다는 사실을 증명했다. 그 후 남한은 정치, 경제, 외교, 군사 모든 측면에서 북한을 압도했고, 그 결과 북한은 우리에게 '무서운' 나라가 아니라 '불쌍한' 나라로 여겨지게 됐다. 현재 북한 경제력은 남한의 30분의 1 수준이 채 안 된다.

● 사라진 물벼락

1990년대 중반 유학 가서 들은 얘기가 있다. 나보다 앞서 온 학생들은 국가안전기획부(안기부)에서 '북한사람 만나지 말라'는 특별교육을 받았다고 한다. '동백림 사건(동베를린을 거점으로 한 대규모 반정부 간첩단 사건)' 때문이었을 것이다. 하지만 내가 갔을 때는 그런 교육은 없었다. 당시 사석에서 우연히 북한 유학생을 만난 적이 있다. "자본주의 사회에 와보니 어떠냐?" 물었더니, 이렇게 대꾸했다. "여기에도 거지가 있습디다. 공화국에는 거지가 없습네다."

북한 핵은 우리에게 위협이 되거나 북한의 강함을 보여주는 것은 아니다. 그것은 외려 북한이 약하다는 증거일 것이다. 경제력과 기술력의 격차로 북한은 적어도 재래식 전력으로는 남한과 경쟁할 수 없다. 그 군사적 불균형을 일거에 만회하려고 '비대칭 전략'으로 핵 개발에 나선 것이다. 경제적 고립까지 감수한 것을 보면 북한 지배층이 느끼는 위기감이 얼마나 큰지 짐작할 수 있다.

최근 미군도 이 변화에 맞춰 휴전선 근처 병력을 한반도 남쪽으로 이동 배치했다. 과거 미군은 북의 공격으로부터 남한을 지키는 '인계철선' 역할을 했으나, 이제는 동아시아 전역의 돌발사태에 개입하기 위한 신속대응군으로 그 성격을 바꾸었다. 주한미군이 우리만을 위해 이 나라에 있는 게 아니라는 얘기다. 그들은 동아시아 전역에서 미국의 이해를 지키기 위해 한국에 주둔하고 있다.

한국 보수는 시위 때마다 성조기를 흔든다. 한미동맹만이 살길이라는 뜻이리라. 하지만 극소수 NL(민족해방) 세력을 빼면 오른쪽 태극기부대에서 왼쪽 정의당에 이르기까지 오늘날 "한미동맹이 중요한 전략적 자산"(정의당 심상정 의원)임을 부정하는 세력은 이 땅에 존재하지 않는다. 그런데도 그들이 성조기라는 상징에 목을 매는 이유는 의식적으로 여전히 미군의 화력에 생존을 의존해야 했던 과거 기억에 사로잡혀 있기 때문이다.

● 보수의 언더도그 전략

물벼락 장치는 이미 오래전 치워졌다. 황당한 점은 그것을 치운 것이 역대 보수정권이라는 사실이다. 한국 보수정권들은 비록 군사정권이었지만, 1960년대부터 1980년대에 걸쳐 눈부신 경제발전을 이룩함으로써 북한과의 체제경쟁에서 압도적 승리를 거두었다. 자부심과 자신감을 가질 만도 한데, 그들은 여전히 북한에 경기를 일으키며 국력에서 밀리던 시절의 '언더도그(underdog·약자)' 전략을 펴고 있다.

북한과의 관계에 워낙 부정적·소극적이다 보니 한국 보수는 종종 '반통일 세력'이라는 비난을 받는다. 정작 반통일 세력은 북한인데도 말이다. 사실 북한은 입으론 '통일'을 외치나 속으론 통일을 원치 않는다. 통일되면 살아남을 수 없다는 것을 알기 때문이다. '연방제'를 통한 적화통일도 북한 국력이 남한을 압도하던 시절에나 가능한 얘기다. '연합'이든 '연방'이든 당장 하자고 하면 이제는 북에서 핑계를 대며 거절할 게다.

지금 김정은 북한 국무위원장은 핵무기와 체제 보장을 바꾸려고 미국과 협상 중이다. 그들이 미사일을 계속 쏘는 것은 미국을 향해 관심 좀 가져달라는 처절한 몸부림이다. 상황이 근본적으로 변한 것이다.

오늘날 6·25전쟁에 대한 희미한 기억이라도 가지려면 최소한 나이가 80세 이상은 돼야 가능하다. 그들의 자식 세대는 군사정권 시절 강제로 심긴 전쟁의 기억을 지겨워 한다. 요즘 젊은 세대가 가진 북한 이미지는 주로 '남북정상회담'과 관련해 형성된 것이다. 나이 든 세대와 기억 자체가 완전히 다르다. 영화나 드라마에서도 이제 북한을 사탄으로 묘사하지 않는다. 분단의 아픔이 강조될 뿐이다.

● 녹이 슨 전가의 보도

전쟁 멘탈리티에 사로잡힌 눈에는 주위 사람이 온통 잠재적 간첩으로 보이기 마련이다. 보수진영은 이런 공포 마케팅을 이용해 손쉽게 통치를 해왔다. 하지만 반공의 칼도 어느새 날이 무디어져 그 무섭던 '빨갱이' 소리가 우습게 들리자 공포가 더는 통하지 않게 됐다. 공포 하나면 자신들에 대한 비판쯤은 손쉽게 진압할 수 있었고, 그렇게 거저먹다 사상의 자유시장에서 그만 경쟁력을 잃은 것이다.

한국 보수가 늘 이렇게 경직됐던 것은 아니다. 가령 7·4 남북공동성명을 이끈 것은 박정희 전 대통령이었고, 냉전체제를 깨고 소련과 국교를 맺은 것은 노태우 전 대통령이었다. 김일성의 죽음으로 무산됐을 뿐 남북정상회담을 계획한 것은 김영삼 전 대통령이었다. 이 유연함의 바탕에는 물론 체제경쟁에서 승리했다는 자신감이 깔려 있었다. 그런데 언제부터인가 보수는 이 자신감과 유연함을 잃어버렸다. 왜 그랬을까?

정략적 이유에서였을 것이다. 김대중 전 대통령이 남북정상회담을 하자 그 업적을 깎아내리려 사사건건 반대만 하다 되려 '수구' 함정에 빠져버린 것이다. 그러다 보니 남북대화의 전제조건인 체제경쟁에서 승리가 본래는 자신들의 업적이었고, 남북관계 개선의 노력 역시 보수 세력이 먼저 시작한 기획이었음에도 그 성과를 고스란히 민주당 쪽에 넘겨줘버렸다.

그 결과 통일과 남북문제에 관한 보수의 비전이 사라졌다. 이제라도 보수가 자신감과 유연함을 갖고 다시 남북문제를 푸는 큰 그림을 그려야 한다. 지도층만 생각을 바꾼다고 해결될 문제가 아니다. 지도층에게 공포와 습관의 통치를 받아온 이들도 생각이 돌처럼 굳어버린 탓에 설사 지도층이 변하려 해도 그 변화를 순순히 받아들이려 하지 않을 것이다. 그들을 설득하는 지난한 노력도 필요하다.

진중권 보수를 말하다

'좌빨' 늪에 빠진
보수주의

● 십자가 밟기

국민의힘 태영호 의원의 21대 국회 데뷔 무대는 인상적이었다. 초선임에도 외교관 출신답게 유려한 말솜씨로 국무총리를 곤란하게 만드는 질문을 여럿 던졌다. 적어도 그는 여느 꼴보수들과 달리 격조가 있었다. 하지만 내 관심은 대정부질문이 아니라 당시 이인영 통일부 장관 후보자에 대한 청문회에 가 있었다. 그 자리에서 '사상검증' 문제가 불거지리라는 것은 누구나 예상한 일. 아니나 다를까, 태 의원은 후보자를 매섭게 몰아세웠다. 하지만 청문회 직후 여당에서 그를 대대적으로 비난했고, 공세를 펴던 그는 수세에 몰리고 만다. 왜 그렇게 됐을까?

여당에서는 이를 '십자가 밟기'라고 부르지만, 공직자의 사상을 검증하는 것은 꼭 필요한 일이다. 물론 자유민주주의 사회는 제 사상을 입 밖으로 내도록 강요받지 않을 권리를 보장한다. 하지만 이인영 후보자는 사인이 아니라 공직자다. 공직자는 국민을 위해 일하는 사람이다. 특히 대의제 민주주의하에서 의원은 자신이 아니라 지역 유권자들의 뜻을 '대의'한다. 어떤 사상과 이념, 혹은 가치관을 가졌는지 유권자들 앞에 투명하게 밝힐 의무가 있다. 몇 년 전 일어났던 '통합진보당 사태'도 이런 절차 없이 의원을 선출했기 때문 아니었나.

그런데 왜, 태 의원은 할 일을 하고도 역공을 당했을까? 이는 검증 방식이 섬세하지 못했기 때문이다. 일단 사상검증을 시작하면 민주당 측에서 '양심의 자유'라는 헌법적 가치를 내세워 반(反)민주, 반(反)자유주의로 프레이밍하리라는 것은 예상된 일이다. 실제로 민주당은 "태영호 씨가 대한민국에 온 지 얼마 되지 않아 아직 자유민주주의를 제대로 배우지 못했다"는 식으로 반격했다. 태 의원은 처음부터 사인이 아니라 공인에 대한 검증임을 분명히 하면서, 자신의 질문이 사인에 대한 정치적 공격이 아니라 공인의 사상에 의구심을 가진 유권자들을 대신해 던지는 공적 질의임을 강조했어야 한다.

사인과 공인의 차이를 흐려버린다는 점에서 '십자가 밟기'라는 낙인은 논리적으로 부당하다. 그런데도 태 의원이 수세에 몰린 것은 한국 정치의 불행한 역사를 이해하지 못했기 때문이다. 과거 보수정권은 정적을 탄압하는 데 사상검증을 악용했다. 특히 '전향'이라는 표현은 자동으로 그 아픈 역사를 환기케 한다. 과거 독재정권은 전향을 안 했다는 이유로 형을 다 마친 이들을 평생 감옥에 가두었다. 자유민주주의 원칙에서 벗어나는 이런 가혹한 인권침해 기억이 있기에 여당이 정당한 검증마저 손쉽게 '십자가 밟기'로 프레이밍할 수 있었던 것이다.

이는 국민의힘 사람들이 아직도 자신들을 이 사회의 '오버도그(overdog·강자)'로 여기는 환상에서 벗어나지 못했다는 것을 보여준다. 하지만 현실에서 그들은 '언더도그'로 전락한 지 오래다. 소수자가 다수자가 쓰는 전략을 사용하면 당연히 고립을 자처하게 된다. 이런 일에서 보수는 교훈을 얻어야 한다. 아직도 보수를 자처하는 사람 중 상당수가 '좌파', '좌빨', '주사파', '종북좌파'라는 말을 입에 달고 산다. 시대가 변했다. 모든 이성적 반론을 간단히 제압해주던 그 효과적인 무기가 이제는 외려 그 말을 사용하는 이들을 가두는 덫으로 변했다. 보수는 이 점을 인식해야 한다.

● 종북좌파?

《손자병법》에 이르기를 '지피지기면 백전불패'라고 했다. 즉 상대와 싸우려면 일단 상대를 알아야 한다. 보수진영에 속한 이들은 툭하면 상대에게 '좌빨(좌익 빨갱이)'이라는 낙인을 찍곤 한다. 하지만 사실을 말하면 대한민국에 정치학적 의미에서 '좌파'는 이미 유의미한 정치 세력으로 존재하지 않는다. 민주당은 독일 보수당인 기민당보다 보수적이고, 정의당의 정책도 독일 사민당에 비하면 한참 오른쪽에 있다. 보수가 사용하는 '좌빨'이라는 말은 일종의 경멸어(pejorative)일 뿐, 정치학적으로 잘 정의된 개념은 아니다. 고로 상대를 '좌빨'이라고 규정하는 것은 이성적 판단이라 할 수 없고 '비난' 혹은 '감정적 선동'에 가깝다.

'주사파'로 불리는 NL 세력은 정치학적으로는 좌파가 아니라 우파, 즉 민족주의 우파에 속한다. 북한의 통일전선전술은 남한 운동 세력에 사회주의 강령을 내세우지 말 것을 요구한다. 남한에서 미국을 몰아내려면 자본가를 포함해 되도록 많은 세력을 규합해야 하기 때문이다. 그들은 소 떼를 몰고 북한을 방문한 고(故) 정주영 현대그룹 회장을 '민족자본가'라고 부르며 통일운동의 동지로 치켜세웠다. 사회주의 혁명을 추구한 것은 PD(민중민주) 세력으로, 이들은 일찌감치 혁명노선을 포기하고 민주노동당에서 정의당으로 이어지는 합법 정당에 합류했다. 이들의 성향은 서구식 사민주의(정치적으로는 의회를, 경제적으로는 노동조합을 통해 합법적으로 사회주의를 실현하려는 사상)에 가깝다.

정권 내 586 세력이 주사파였던 것은 젊은 시절 짧은 기간뿐이다. 그 후로 그들은 이념과 상관없이 살아오다 지금은 권력욕과 재물욕만 남은 평범한 속물 정치인이 됐다. 다만 과거 습속이 흔적으로 남아 가끔 주책없이 튀어나오는 것뿐이다. 민주당 문정복 의원이 태영호 의원을 '변절자'라 부른 것을 생각해보라. 이인영 통일부 장관은 전대협 의장 시절에는 아마 주사파였을 것이다. 하지만 그것도 30년 전 일, 이 시점에서 굳이 사상검증이 필요했는지 의문이다. 4선 의원으로 활동하면서 그동안 이렇다 할 문제를 일으키지 않았다면, 그것으로 이미 검증은 끝난 것이다.

현재 주사파로 불릴 만한 세력은 이석기가 이끄는 경기동부연합 세력뿐이다. 새끼수령(이석기)의 사면을 위해 벌인 차량 시위를 보면 알 수 있듯, 그들은 문화 자체가 이질적이다. 사실 이들은 영화에 나오는 끈 떨어진 간첩처럼 관성에 따라 이제는 의미도 없는 활동을 계속하는 중이다. 민주당 윤미향 의원이 중심이 된 정의기억연대 회계 부정 의혹 사건에서 일단이 드러났듯이, 그들은 소수의 컬트 집단으로 전락해 운동과 생업이 구별되지 않는 일종의 경제공동체로 움직이며 이러저러한 연줄로 정부나 지방자치단체 사업을 따내 근근이 먹고살 뿐이다. 이들을 대표하는 민중당은 지난 총선에서 1.05% 득표율이라는 저조한 성적으로 정당을 해산해야 했다.

● 베네수엘라 타령

'종북좌파'가 이념적 낙인이라면, '포퓰리즘' 타령은 그것의 시장 버전이라 할 수 있다. 왼쪽에서 볼 때 보수의 비판 가운데 가장 이해가 안 되는 게 '한국이 곧 베네수엘라가 된다'는 소리였다. 부동산이면 부동산, 기본소득이면 기본소득 등 시장에 대한 국가의 통제가 들어가는 대목에선 빠지지 않고 베네수엘라 타령이 등장한다. 그 바탕에는 규제나 복지에 반대하는 자유지상주의(libertarian) 관념이 깔려 있다. 하지만 한국의 규제나 복지정책은 대개 남미가 아니라 서유럽에서 빌려온 것이다. 경제협력개발기구(OECD) 회원국을 왜 굳이 남미 빈국과 비교하려 드는지 이해를 못 하겠다.

'종북좌파'든 '베네수엘라'든 이제까지 한국 보수는 대중을 설득하는 데 주로 공포 마케팅을 활용해왔다. '종북좌파'라는 낙인에는 '저들이 정권을 잡으면 이 나라가 북한이 된다'는 메시지가, '베네수엘라'라는 비난에는 '저들이 정권을 잡으면 이 나라가 베네수엘라가 된다'는 메시지가 담겨 있다. 전자가 정치적 종말론이라면 후자는 경제적 종말론인 셈이다. 어느 쪽이든 파국의 공포를 활용해

진중권 보수를 말하다

대중을 손쉽게 사로잡겠다는 발상은 매한가지다. 문제는 '수꼴(수구꼴통)'로 불리는 소수집단 외에 그런 공포 마케팅에 넘어갈 대중이 이제는 존재하지 않는다는 것이다.

이 공포 마케팅은 대중을 사로잡기는커녕 자기들만 고립시킬 뿐이다. 이번 코로나19 사태를 예로 들어보자. 정부는 코로나19 확산을 막기 위해 가게 영업정지 명령을 내렸다. 이는 행정력을 동원해 영업의 자유를 강제로 제한한 예라고 할 수 있다. 나아가 모든 국민에게 긴급재난지원금을 살포했다. 이것은 보수가 비난하던 '퍼주기' 정책이라 할 수 있다. 베네수엘라 타령은 결국 모든 것을 시장에 맡겨놓고 국가의 역할을 포기하라는 얘기밖에 안 된다.

공포 마케팅의 문제는 그것이 보수의 정책적 상상력을 극도로 제한해버린다는 데 있다. 정치란 결국 국가를 운영하는 문제다. 그런데 모든 것을 시장이나 기업에 맡겨놓고 국가의 역할을 포기하라고 하니, 설사 정권을 잡는다 해도 할 일이 없는 것이다. 애초에 정책을 창안해낼 필요도 없다. 그저 상대의 정책에 빨간 딱지를 붙이는 것 외에 던질 메시지도 없는 셈이다. 과거처럼 낙수효과라도 있다면 "대기업이 잘되는 게 곧 모두가 잘되는 것"이라 주장할 수 있겠지만, 낙수효과마저 사라진 마당에 누가 그 말을 믿어주겠는가.

한국 보수는 그동안 '극우 반공주의'와 '시장만능주의'에 의존하며, 거기서 조금이라도 벗어나면 바로 '종북좌파'나 '사회주의'라는 딱지를 붙여왔다. 보수 대중은 오랫동안 그 선동에 세뇌돼왔다. 그러니 당이 달라지려 해도 개혁이 쉽지 않다. 자기들이 '좌빨'이라 불러온 정책을 채택하는 것을 지지층부터 용인하려 하지 않기 때문이다. 결국 공포 마케팅이 보수 개혁에 필요한 최소한의 유연성과 정책적 상상력까지 박탈해 버린 것이다. 달라지려면 일단 입에서 '좌빨'이라는 단어를 빼고 말하는 법부터 배워야 한다. 그래야 보수의 미래가 보이기 시작할 것이다.

진중권 보수를 말하다

보수여,
미래를 기획하라

● 산업사회에서 정보사회로

　옛날에 '국시(國是·국민의 지지도가 높은 국가 이념이나 국가 정책의 기본 방침)'라는 것이 있었다. 그 시절 한국은 '반공'을 위해 존재했다. 한 야당 의원이 그건 국시(國是)가 아니라 국비(國非)라고 주장했다 곤욕을 치르기도 했다. 하지만 과거 군사정권이 그저 반공이라는 부정적 가치만으로 통치했던 것은 아니다. 박정희 정권이 18년이나 유지될 수 있었던 것은 소수 엘리트의 저항에도 국민 다수의 암묵적 지지를 받았기 때문이다. 그 지지의 물적 토대는 물론 눈부신 산업화의 업적이었다.

이 산업화 신화는 10·26 사태로 종말을 맞는다. 박정희 시해는 국가 주도 경제개발 모델이 한국 사회에서 더는 기능하지 않음을 보여준 상징적 사건이었다. 경제발전 초기에는 국가의 개입이 순기능을 한다. 하지만 시장경제가 어느 정도 발전 궤도에 오르면 국가 주도 경제정책이 외려 역기능을 하게 된다. 여기서 비롯된 경제적 불안이 정치적 불안으로 이어졌고 그것이 독재기구 내부의 알력 형태로 터져나온 것이다.

신군부 집권 이후 한국 경제는 국가가 아니라 시장이 주도하는 형태로 변모했다. 때마침 찾아온 3저(低) 호황 덕에 경제는 고도성장을 계속했고, 88 서울올림픽을 통해 국가 브랜드 가치도 크게 향상할 수 있었다. 하지만 여전히 '대마불사(大馬不死)' 신화를 믿고 외연 성장에만 치중하다 결국 김영삼 정권 말기에 이르러 외환위기 사태를 맞게 된다. 내포적 성장모델로 전환하는 데 실패한 채 준비도 안 된 상태에서 성급히 '세계화'를 추진한 결과였다.

김대중 정권하에서 한국 사회는 결정적 전환을 맞는다. 이 시기에 한국은 산업사회에서 정보사회로 급속히 이행한다. 당시 정권이 내건 '지식기반경제'라는 구호는 경제가 물질적 대상의 생산이 아니라, 무형의 정보('지식') 생산으로 전환했다는 인식을 담고 있다. 말도 많고 탈도 많았지만, 당시 벤처 붐은 우리 경제에 10년 먹을거리를 창출해냈다. 요즘 성공한 인터넷기업은 시가총액에서

진중권 보수를 말하다

웬만한 대기업을 능가한다.

노무현 전 대통령은 자타가 공인하는 인터넷 대통령이었다. 그는 세계 최초로 인터넷을 통해 대통령이 된 인물이다. 청와대에 들어가서는 e지원 시스템으로 역시 세계 최초로 전자정부를 구현했다. 사회구조가 조직(organization)에서 네트워크(network)로 바뀌면 소통 방식 역시 수직에서 수평으로, 한 방향에서 쌍방향으로 변화해야 한다. 참여정부의 의의는 이 새로운 물적 토대에 적합한 새로운 소통양식을 발명한 데 있다.

● 백 투 더 패스트

하지만 두 번의 민주당 정권하에서 국민의 경제 형편은 나아지지 않았다. 외환위기 이후 완전고용은 불가능해졌고, 그동안 사회복지를 대신하던 평생 고용의 암묵적 약속도 사라졌다. 복지를 조금 강화하는 것으로는 이를 보충할 수 없었다. 특히 참여정부는 '삼성 공화국'으로 불릴 정도로 경제 문제에서는 대재벌에 의존했고, '왼쪽 깜빡이 켜고 우회전'만 하다 결국 지지층마저 잃어버렸다. 그 불만으로 보수는 재집권에 성공한다.

하지만 새로 들어선 이명박 정권에는 불행히도 한국이 정보사회로 변모했다는 인식이 없었다. '747 공약(연평균 7% 성장, 10년 뒤

1인당 소득 4만 달러, 세계 7대 강국 진입을 위시한 2007년 이명박 후보의 대선 공약)'에서 볼 수 있듯 그들은 1970년대 토목경제 관념에 사로잡혀 있었다. 재정을 투입해 토목공사를 벌이면 고도성장과 고용 창출이 이뤄진다고 믿었다. 문제는 한국 경제가 성숙해 이미 그 단계를 지났다는 데 있었다. 결국 그는 4대강 사업으로 22조 원 예산만 축냈다.

그런데도 보수가 재집권에 성공한 것은 진보 어젠다를 선점했기 때문이다. 이를 위해 당 상징색을 붉은색으로 바꿨을 정도다. 당시 박근혜 캠프는 '경제민주화' 공약으로 김대중, 노무현 정권이 남긴 과제의 해법을 제시했다. 문제는 이를 진지하게 실천에 옮길 의지가 없었다는 것이다. 박근혜 전 대통령은 집권과 함께 공약을 폐기하더니, 정치 상부구조마저 제3공화국 시절로 되돌려놓고 문고리 3인방과 밀실정치를 하다 탄핵되고 만다.

보수는 박정희 대안 서사를 만드는 데 실패했다. 정보화 사회로 전환이 갖는 의미를 인식하지 못했고, 그 전환을 이끈 정권들이 남긴 과제를 인지하지도 못했다. 서사 부재를 과거 향수와 반북 이데올로기로 채우다 그만 시대 흐름에 뒤처져버렸다.

그 결과 반북 선동에 세뇌된 지지자들과 함께 안으로는 자기 점검을 못 하고, 밖으로는 상대 당 견제도 제대로 못 하는 총체적 무능함에 빠져버린 것이다.

● 디지털경제와 신주류

산업사회에서 정보사회로 이행하면서 양당 지지층에도 큰 변화가 있었다. 현존하는 인터넷기업의 다수는 김대중, 노무현 정권 시절에 설립됐다. 그러니 지금 여러 기업에서 디지털경제를 이끄는 '경제계 386'은 '정치계 386'에 친화적이다. 그들 역시 과거 학생운동을 했거나 그 분위기에서 학교에 다녔다. 이들이 이제 586이 돼 이 나라의 경제 주력으로 자리 잡았다. 사회 주류가 교체된 것이다.

최근 터지는 비리 양상만 봐도 이런 변화를 알 수 있다. 과거 토목경제 비리는 주로 인허가(부산 해운대 LCT 게이트)나 담합(4대강 사업)과 관련돼 있었다. 반면 최근 비리는 VIK, 신라젠, 라임펀드, 옵티머스 등 산업자본주의가 아니라 금융자본주의를 배경으로 한 것들이다(이철 전 VIK 대표는 친노무현 인사들을 데려다 회사에서 인문학 강의까지 열었다). 구설에 오른 또 다른 비리들은 태양광이나 배터리 등 디지털경제 신사업과 관련돼 있다.

586세대는 정치, 경제, 언론, 학계 등 모든 영역에서 헤게모니를 행사하며, 시민단체마저도 지배 블록의 하위 파트너로 포섭한 상태다. 이들은 혈연, 지연, 학연으로 얽힌 이해관계망을 통해 사회 기득권층으로 확고히 자리 잡았다. 조국 사태 때 조 전 장관을 필사적으로 비호한 것도 바로 이들이다. 자기들도 그와 다르지 않기에, 그의 위기를 본능적으로 집단이해에 대한 위협으로 느꼈던 것이다.

이들이 한국의 신(新)보수층이다. 이들 역시 나이가 들면서 '에이징 효과'로 급속히 보수화했다. 하지만 '코호트(특정 경험을 공유해 연대를 느끼는 구성원들의 집단·집체) 효과'로 여전히 자신을 진보로 오인한다(조 전 장관은 국회 청문회에서 자신이 '사회주의자'라고 말했다). 이들은 한미 자유무역협정(FTA)이나 재벌 정책 등 중요한 사안에서는 보수층과 견해를 같이한다. 그런데도 보수는 이들 신보수층을 '좌파'로 몰아 적대시하다 통째로 놓쳐버렸다.

● 보수의 대안 서사

그동안 보수에서 대안 서사 역할을 한 것은 '줄·푸·세(세금과 정부 규모를 '줄'이고, 불필요한 규제를 '풀'고, 법질서를 '세'우자) 공약'이었다. 복지와 분배에서 정부 역할을 줄이고, 기업을 위해 규제를 풀며, 거기서 터져나올 불만은 법으로 엄중히 다스리겠다는 얘기다. 하지만 일방적인 친기업 정책으로 양극화에 시달리는 서민층을 사로잡을 수는 없는 일이다. 결국 중산층과 서민층에서 소구력을 잃고, 지역주의에 의존하는 TK(대구·경북) 자민련(자유민주연합) 신세가 됐다.

이는 박정희 시절보다 후퇴한 것이다. 흔히 박정희 전 대통령에게서 고도성장만 보지만, 사실 그는 훨씬 다면적이었다. 그는 '국가의 역할'을 잊지 않았다. 국민건강보험과 국민연금을 도입했고 고교평준화를 실시했다.

한국과학기술연구원(KIST)을 설립한 것도 그였다. 적어도 평등과 미래, 즉 복지국가와 기술 입국의 비전을 놓치지 않았다. 하지만 지금의 한국 보수는 보수의 가치를 신자유주의에 권위주의를 결합한 것으로 축소했다.

독일에 사회보장제도를 도입한 사람은 우익인 오토 폰 비스마르크였다. 확산하는 마르크스주의에 맞서기 위해 좌익의 어젠다를 선점, 제 것으로 만들어버린 것이다. 이명박 전 대통령도 한때는 좌파 정책을 채택할 정도로 실용적이었다. 그가 서울시장 시절 도입한 버스전용차로제는 지금도 잘 운용되고 있다. 하지만 청계천 복원 성공에 도취한 나머지 온 국토에 '공구리(콘크리트)'를 치다 망해버렸다.

산업화 세대는 그래도 민주화 세대에게 일자리를 주고 아파트를 줬다. 하지만 그렇게 주류가 된 민주화 세대는 다음 세대에게 아무것도 주지 못하고, 그저 제 자식에게 재산과 지위를 물려줄 생각만 하고 있다. 지금 젊은 세대가 해방 후 최초로 부모보다 못사는 세대가 될 것이라는 우울한 전망도 나온다. 산업화 서사만 종언을 고한 게 아니다. 민주화 서사도 종말을 맞았다. 지금 그것은 586 세대의 기득권을 지키는 수단일 뿐이다.

◉ 과거 향수에서 미래 기획으로

보수는 진보가 실패한 지점에서 대안 서사를 써야 한다. 국민의 힘 장제원 의원은 보수의 핵심 가치로 '자유, 공정, 책임, 의무, 헌신'을 든다. 보수의 핵심 가치가 뭔지 모르겠다. 다만 보수주의자라면 '국가는 국민을 지키기 위해 존재한다'는 사실을 잊어선 안 된다. 국가는 전쟁만이 아니라 빈곤으로부터도 국민을 지켜야 한다. 국민 한 명이라도 생활고로 목숨을 끊는다면, 그것은 안보에 실패한 것이다.

앞으로 과거와는 완전히 다른 풍경이 펼쳐질 것이다. '4차 산업혁명'은 창의적 소수에겐 무한한 기회겠지만, AI(인공지능)에 일자리를 빼앗길 대다수에게는 실존 위기로 다가올 테다. '기본소득' 역시 그런 장기적 관점에서 바라봐야 한다. 무소속 홍준표 의원은 여기에 '사회주의 배급제'라는 딱지를 붙였다. 답이 없다. 남의 상상력에 빨간 칠을 할 게 아니다. 그것을 선점해 제 색을 칠해야 한다.

지금 민주당은 시대정신을 잃었다. 논리적·윤리적 파탄에 빠졌다. 정책적 상상력을 가진 이가 딱히 눈에 띄지 않고, 정치적 기획도 보이지 않는다. 이미 기득권을 가졌기에 변하려 하지도 않을 것이다.

우리 앞에는 아직 가보지 않아 깜깜한 미래가 놓여 있다. 보수가 과거로 눈을 돌리는 것을 의미해서는 안 된다. 보수는 그 어둠을 향해 앞으로(pro) 빛을 던지는(ject) 전조등, 즉 기획(project)이 돼야 한다.

보수가
젊어지려면

● 인재풀 문제

극우 반공주의와 시장만능주의. 대한민국 보수를 지탱해온 두 기둥은 무너졌다. 보수진영은 대한민국이 산업사회에서 정보사회로 이행한 것의 정치적 의미를 알지 못했다. 그 결과 오늘날 디지털경제의 주력이 된 세대를 통째로 놓쳐버렸다. 산업화의 추억에만 의존한 결과 제 지지층의 고령화를 보지 못한 것이다. '돈 벌어오는 아버지'였던 보수가 이제는 '돈 들어가는 할아버지'가 됐다. 대안 서사야 이제라도 만들면 되지만, 문제는 이 지지층이다.

과거에는 '보수는 부패했으나 유능하고, 진보는 청렴하나 무능하다'는 것이 통념이었다. 그때 진보는 상대적으로 청렴했다. 권력에서 멀리 떨어져 있었기 때문이다. 하지만 그들도 권력을 잡으니 부패하는 데 오랜 시간이 걸리지 않았다. "진보의 생명은 도덕성에 있다"고 했던 힘 가진 진보주의자들이 이제는 "왜 진보만 도덕적이어야 하냐"고 따지며 통념 자체를 내다 버린다. 청렴하지만 무능하던 진보는 그렇게 '부패했으나 유능한' 세력이 됐다. 주류가 바뀐 것이다.

과거에는 사회 엘리트가 보수정당으로 몰렸다. 그들을 끌어들이려고 따로 노력할 필요가 없었다. 돈과 권력이 있었기 때문이다. 논리적·윤리적 경쟁력을 갖추지 않아도 사람들이 그쪽으로 몰렸다. 하지만 앞으로 이 프리미엄은 기대할 수 없을 것이다. 지금 엘리트는 권력을 쥔 민주당으로 몰리고 있다. 보수정당이 그 불리함을 상쇄할 정도의 도덕적 우월성을 가진 것도 아니잖은가. 그러니 사회 엘리트가 돈과 권력이 있는 곳으로 몰리는 것은 당연한 일이다.

보수정당의 토대는 이제 지역만 남았다. 이마저도 오래 버티지 못할 것이다. 그 토대는 고도성장기에 만들어졌다. 산업화가 경부라인을 중심으로 이뤄지고, 그 주력이 된 영남 엘리트가 서울 강남에 모여 살았다. 이 영남과 강남의 연합이 보수정당의 지역적 토대가 된 것이다. 하지만 이미 부산·경남(PK)의 절반은 민주당으로 넘어가고, 대구·경북(TK)은 과거 호남처럼 고립될 위기에 처했다. 이번 총선에서 일군의 지식인이 대구를 향해 차별 발언을 한 것을 기억해보라.

영남권 분열의 징후는 일찍 나타났다. 2016년 총선 전 친박(친박근혜) 공천으로 인한 새누리당(현 국민의힘)의 분열이 그것이다. 결국 총선이 새누리당 패배로 끝나자, 보수에서는 친박으로는 정권 재창출이 불가능하다는 위기의식을 갖게 된다. 사실 국정농단 취재를 처음 시작한 매체는 'TV조선'이었다. 얼마나 철저하게 뒤졌던지, 뒤늦게 취재에 나선 당시 〈한겨레〉 김의겸 기자는 "이미 〈조선일보〉 기자들이 메뚜기 떼 지나간 것처럼 이삭 몇 개만 흘리고 싹 쓸어갔다"고 술회한 바 있다.

● 자산이 부채가 되다

산업사회에서 정보사회로 이행은 정치 지형에 거대한 구조 변동을 일으켰다. 산업화 시대에는 수출입이 부산항을 중심으로 이뤄졌지만, 디지털시대의 수출입은 항공을 통해 이뤄진다. 반도체나 스마트폰을 몇 달 걸려 배로 실어 나를 수 없지 않은가. 이후 서울과 부산항을 잇는 경부라인의 경제적 위상이 과거와 확연히 달라졌다. 그 결과 보수정당을 떠받치던 지역적 기반이 무너지고 외곽이 떨어져 나가면서 달랑 코어인 TK(더하기 PK의 절반)만 남게 된 것이다.

보수가 살려면 당이 바뀌어야 하는데, 영남권 의원들은 고정 지지층이 있어 개혁의 필요성을 별로 못 느낀다. 게다가 이 지역 유권자는 전국에서 성향이 가장 보수적이다. 그 피해는 고스란히 당의 수도권 의원들에게 돌아갔다. 수도권에서 TK로 대표되는 강경 보수 이미지는 선거에 치명적이기 때문이다. 결국 2020년 총선에서 수도권 후보는 강남을 빼고 전멸했다. 개혁 필요성을 가장 절실히 느끼는 이들이 몰락했으니, 당내에서 개혁을 주도할 세력도 없어진 셈이다.

정상적인 정당이라면 탄핵이라는 파국을 맞았을 때 이미 근본적 개혁에 나섰어야 한다. 하지만 바뀐 것은 당명뿐이다. 개혁한다고 뛰쳐나간 의원들도 얼마 후 슬그머니 다시 본가로 복귀했다. 개혁의 발목을 잡은 것은 지지층이었다. TK 지역이 당 최대 주주 행세를 하는 한 당 개혁은 불가능하다. 한때 든든한 자산이던 지역주의가 거꾸로 골치 아픈 부채로 전락해버린 것이다. 결국 보수는 탄핵 총리를 당대표로 모심으로써 아예 개혁 포기를 공식적으로 천명하게 된다. 이는 중도층에게 보수정당은 구제 불능이라는 인식을 심어줬다. 결과는 2020년 총선 참패로 나타났다. 부랴부랴 김종인 비상대책위원장을 구원투수로 영입해 개혁을 도모하지만, 쉽지 않아 보인다. 그가 당에 지지기반을 가진 것도 아니고, 개혁하려면 당내 기득권을 건드려야 하는데 이럴 경우 강한 반발에 부딪힐 것이기 때문이다. 개혁에는 뼈를 깎는 고통이 필요하나, 그 당의 대다수는 그냥 대외적으로 당이 변신했다는 '이미지'를 연출하는 데만 관심이 있을 것이다.

◉ 당 밖의 보수층, 이들을 어떻게 해야 하나

당 밖의 보수층도 마찬가지다. 여기서도 여론의 헤게모니는 합리적 보수층에 있지 않다. 이곳에서 여론을 이끄는 것은 강경보수다. 이들을 논리로 설득하는 것은 힘들다. 너무 오랫동안 '나라를 팔아먹어도 한 번'이라는 데서 알 수 있듯이 사유가 논리에 반응하지 않을 정도로 경직됐기 때문이다. 이들은 개혁에 요구되는 최소한의 유연성도 허용하려 들지 않는다. 그동안 이견을 가지면 무조건 '빨갱이'로 여기도록 훈련된 터, 개혁 자체를 정체성 포기로 여긴다.

디지털 중심의 미디어 환경도 합리적 사유를 관철하는 데 유리한 조건은 아니다. 말이 진보나 보수지, 어차피 인간은 다 보수적이다. 대중은 제 신념을 다시 확인케 해주는 콘텐츠를 좋아하고, 제 신념이 잘못됐다는 얘기는 듣기 싫어한다. 나 자신도 그렇다.

그래서 팟캐스트나 유튜브의 선동방송을 통해 '들어야 할 얘기'가 아니라, '듣고 싶어 하는 얘기'만 들으려 한다. 유튜브로 장사가 되다 보니, 이들 매체와 경쟁하는 가운데 레거시 미디어마저 그들의 뒤를 따라가는 경향을 보인다.

2020년 총선 때 모든 여론조사가 미래통합당(현 국민의힘)의 참패를 예상했음에도 보수 유튜버는 온통 대승의 낙관적 분위기에 들떠 있었다. 상황 인식이 완전히 현실에서 유리돼버린 것이다. 보수 유튜버들은 대중에게 '봐야 할 현실'이 아니라 '보고 싶은 환상'을 보여주면서 그것으로 돈을 벌었다. 그러다 참패했음에도 선동을 멈추지 않는다. "분명히 이긴 선거였는데, 결과는 참패였다. 그렇다면 개표가 조작된 것이다." 여기서 그들은 돈을 벌 새로운 기회를 얻게 된다.

당이 정치적 리더십을 상실한 사이 보수 유튜버들은 지지층을 현실에서 환상의 세계로 집단이주시켜버렸다. 아마 다음 선거 때도 같은 일이 벌어질 것이다. 참패하면 다시 대선 음모론이 등장할 테다. 패할수록 승리 욕망은 절실해지고, 그럴수록 선동은 잘 먹힌다. 그렇게 주관적 승리와 객관적 참패는 영원히 반복될 것이다. 이를 문제로 인식해야 한다. 방치하면 당이 잡아먹힌다. 당에는 이 광신적 지지층을 자기 정치에 활용하려는 정치인들이 있기 마련이다.

● 지지층 리모델링

이제라도 보수는 무너진 지지층을 다시 구축해야 한다. 가장 중요한 것이 당에 브레인을 만드는 일이다. 보수 혁신을 위해 현실에 대한 과학적 인식과 미래에 대한 합리적 예측에 근거해 사회를 어떤 모습으로 바꾸려 하는지 보수의 대안을 제시해야 한다. 그런 차원에서 기능을 잃은 '여의도연구원'을 대체할 새로운 싱크탱크를 만들 필요가 있다(다행히 이 작업은 이미 이뤄진 것으로 안다).

과거 여의도연구원 보고서는 상대 당에서도 참조할 정도로 신뢰도가 높았다. 하지만 언제부터인가 그것이 사라져버렸다. 남은 것이 여론조사였는데, 박근혜 정권에 들어와서는 이마저도 맞지 않았다. 지난 총선에서 민주당은 빅데이터를 활용한 예측으로 이미 180석 차지를 예상했다. 반면 당시 미래통합당은 부실한 여론조사로 승리감에 도취해 있다 투표 일주일 전에야 비로소 상황의 심각함을 깨달은 것으로 안다. 당에 뇌가 사라져버린 것이다. 보수가 자신의 정치적 메시지를 발신한 지 너무 오래됐다.

아울러 합리적 보수가 당의 지도적 위치를 차지해야 한다. 지금 국민의힘은 스스로 주전장(主戰場)을 떠나 전선을 낙동강에 쳤다. 그러다 사회 주류가 된 계층을 통째로 놓쳐버린 것이다. 이제라도 전선을 넓혀 디지털경제를 담당하고 있는 보수층을 겨냥해야 한다. 이 계층에 소구력을 가지려면 낙동강 이북에 사

진중권 보수를 말하다

는 사람들을 빨갱이로 보는 강경보수가 당의 지도적 위치에서 내려와야 한다. 그들은 자기 세계에 갇혀 이미 오래전 사회적 소통 능력을 잃어버렸다.

희망은 젊은 층에 있다. 바로 그들이 20년 후 이 나라를 주도할 것이다. 보수정당은 젊은 보수주의자를 체계적으로 육성해야 한다. 물론 오랜 시간이 걸리는 일이다. 씨 뿌렸다고 바로 수확할 수 없지 않나. 과거 보수는 자신은 굶어도 자식은 가르쳤다. 아무리 현재가 궁해도 눈은 미래를 향해야 한다. 젊은이들을 '키즈'로 만들어 마스코트 삼을 생각을 해선 안 된다. 그들을 '어른'으로 키워 당에서 어른으로 대접해야 한다.

● 보수의 여론, 미디어 전략

나아가 보수의 담론층을 형성해야 한다. 현재 보수는 담론시장에서 완전히 도태됐다. 그동안 보수는 담론 생산을 통한 사회적 설득에는 별 관심이 없었다. 반공주의와 지역주의만 가지고도 선거에서 쉽게 이길 수 있었기 때문이다. 당연히 담론시장에서 경쟁력을 키울 기회가 없었고, 그 결과 사회 여론 형성층은 지금 보수에 우호적이지 않다. 사실 보수주의 이념은 만만한 것이 아니다. 상대 진영에서도 두려워할 만한 실력 있는 젊은 보수주의자들을 발굴

해야 한다.

지지층을 위한 미디어 전략도 필요하다. 지지층이 합리적이지 않은데 정당이 합리적일 수는 없다. 지금 보수층은 극단주의자들이 운영하는 유튜브 선동방송에 대책 없이 내맡겨져 있다. 그들은 중도층이 보수 쪽에 등을 돌리게 만든 주범이다. 절대로 극단주의자들에게 보수 여론의 헤게모니를 허용해서는 안 된다. 대중에게 신뢰할 만한 정보, 바람직한 의제를 제시하고, 그날그날 이슈를 정확히 읽어줄 대안 매체를 만들어야 한다.

보수는 너무 오랫동안 현실에 안주해왔다. 이제 모든 것을 바꿔야 한다. 잘 모르겠으면 기업에서 배워라. 정치와 달리 시장은 냉혹해 게으른 기업은 바로바로 처벌한다. 기업들은 적어도 그 처벌로부터 살아남은 조직이다. 작고한 이건희 삼성전자 회장은 "아내 빼고 다 바꿔라"고 했다. 보수도 그렇게 해야 한다.

국부의 나라를
시민의 나라로

● 역사전쟁의 전사

2020년 8월 5일 국민의힘(당시 미래통합당) 정경희 의원이 국회 의원회관에서 '대한민국 나라 만들기 1919~1948'이라는 제목의 토론회를 열었다. 몇 년 전 뉴라이트가 촉발한 건국절 논쟁을 재점화한 것이다. 이 자리에는 '극우'로 분류될 만한 인사가 다수 참석해 차마 들어주기 힘든 망언의 성찬을 펼쳤다. 다행히 국민의힘은 이 퇴행적 움직임에 선을 그었다. 김병민 정강정책개정특별위원장은 "대한민국 헌법 전문에 명시된 3·1운동으로 건립된 대한민국 임시정부의 법통을 부정하는 사람은 그리 많지 않을 것"이라며, 일각의 움직임이 당의 공식 입장이 아님을 분명히 했다.

역사전쟁의 포문을 연 것은 김무성 전 의원이었다. 유력한 차기 대권주자로 여겨지던 2013년 8월 그가 개설한 '근현대사 연구교실'에는 의원 100명과 원외 당협위원장 19명이 참여했다. 이 모임은 단번에 당내 최대 계파로 떠올랐다. 그 자리에서 김무성 전 의원은 "좌파와의 역사전쟁을 승리로 종식해야 한다"며 선전포고를 했다. 좌파들이 "자랑스러운 우리 역사를 못난 역사로 비하해왔다"는 것이다. 이는 역사에 대한 반성을 '자학사관'이라고 비난해온 일본 우익의 논리를 빼닮았다. 마침 2차 아베 신조 정권의 출범으로 일본 우경화가 본격화하는 시점이기도 했다.

같은 해 11월 김무성 전 의원은 "대한민국의 자부심과 정체성을 찾기 위해 역사 교과서를 국정으로 전환하자"고 제의한다. 이 제안은 곧 박근혜 정권의 정책이 되어, 2014년 교학사 교과서가 출간된다. 하지만 이 책을 교과서로 쓰겠다고 한 학교는 전국에서 15교에 불과했고, 그마저도 학생과 학부모, 지역 시민단체들의 항의로 줄줄이 채택을 철회하게 된다. 마지막 남은 경산 문명고는 새 정부가 출범하면서 연구학교 지정이 취소됐다. 역사전쟁은 우익의 처참한 패배로 끝났다. 자기들이 정권을 잡고 있던 시절에도 실패한 시도를 왜 이 시점에 다시 꺼내 드는지 이해할 수가 없다.

물론 전쟁이 완전히 끝난 것은 아니다. 무대는 민간으로 옮겨졌다. 최근 이영훈 전 교수가 쓴《반일 종족주의》가 한일 외교 갈등을 배경으로 10만 부 이상 팔려나갔다. 이른바 '식민지 근대화론' 주창자인 저자는 당연히 반성하지 않는 일본 정부를 향한 한국인의 반감을 이해하지 못한다. 그래서 한일 간 갈등의 원인을 한국인에게로, 즉 저 멀리 샤머니즘 신앙까지 거슬러 올라가는 한국인의 문화적 DNA 탓으로 돌린다. 이 논리 역시 그 원형은 일본 우익의 것이다. 현재《반일 종족주의》는 일본 사회에서 주로 한국인에 대한 인종적 편견을 강화하는 데 활용되고 있다.

◉ 민족사관과 식민사관

이영훈 전 교수가 속한 '낙성대경제연구소'는 친일 성향의 경제학자인 안병직 교수가 만든 것이다. 안 교수는 식민지하에서 자본주의 발전은 불가능하다는 '식민지 반봉건사회론' 주창자였다(이 이론의 실천적 결론은 물론 반미자주화 투쟁이다). 하지만 일제의 식민지 조선에도 자본주의 발전은 있었고, 미제의 식민지 남한에서도 자본주의는 비약적으로 발전했다. 이 명백한 사실 앞에서 그의 이론은 무너지고 만다. 이 경우 그냥 '식민지하에서도 자본주의적 발전은 가능하다'고 하면 될 일이다. 하지만 그는 반대의 극으로 달려가 "식민지였기 때문에 자본주의적 발전이 가능했다"고 말하기 시작했다.

이것이 이른바 '식민지 근대화론'이다. 근대적 기술과 자본이 들어왔는데 식민지 사회라고 발전을 못 할 리는 없다. 하지만 민족주의 이념에 사로잡힌 이들은 (초기의 안병직 교수처럼) 일본과 미국이 발전을 저해해 한국이 반봉건사회에 머물러 있다는 비현실적 인식을 하고 있었다.

식민지 근대화론자들은 민족주의 사관의 맹점을 파고든다. 그들은 일제강점기에도 생산성 향상과 인구 증가 등 발전이 이뤄졌다는 사실을 여러 자료로 '실증'한 후, 거기서 이상한 결론으로 비약한다. "일본이 식민지배를 통해 한국 근대화에 기여했다. 그러니 이를 인정하고 감사하라"는 것이다.

민족주의 사관은 학문을 이념에 종속시켰다. 하지만 그 대안이 식민지 근대화론일 수는 없다. 식민지 근대화론자들은 조선의 봉건적 생산력과 일제하 근대적 생산력을 비교하곤 한다. 이는 올바른 방법이 아니다. 그 비교가 온당해지려면 독립국 조선의 근대화와 식민지 조선의 근대화를 비교해야 할 것이다.

전자는 오직 '가정'으로만 존재하기에 이 비교는 실증이 불가능하다. 실증주의자들에게 실증할 수 없는 것은 곧 존재하지 않는 것. 그래서 식민지 근대화론자들은 일본의 식민지배가 조선의 축복이었다는 극단적 주장으로 나아갈 수밖에 없는 것이다.

◉ 해방 전후사에 고착된 인식

학문에서 '실증'은 매우 중요하다. 하지만 '실증주의(positivism)'는 그 자체가 민족주의 못지않은 이데올로기다. 이는 이영훈 전 교수가 '이승만학당'을 이끄는 것만 봐도 알 수 있다.

민족주의자의 인식이 친일파가 득세하던 해방 전후사에 고착돼 있다면, 그것을 비판하는 이영훈 전 교수의 시각 역시 여전히 이승만이 단독정부를 수립하던 그 시절에 가 있다. 민족사관이나 식민사관이나 실은 오래전에 그 역사적 타당성을 잃은 두 개의 극단적 주장에 불과하다. '종북좌파'와 '토착왜구'의 두 패로 나뉘어 서로 요란하게 싸우는 것은 사실 여야 양쪽의 소수 극단적 지지층뿐이다.

NL 운동권의 소수 극단적 분파를 제외하고, 오늘날 "민족적 정통성이 북한에 있다"거나, "대한민국은 태어나지 말았어야 할 국가"라고 주장하는 이는 없다. 대부분의 시민은 미소(美蘇) 냉전 구도에서 이승만의 단독정부 수립은 어쩔 수 없는 선택이었다고 생각한다.

하지만 그렇게 생각하기 위해 굳이 식민사관을 받아들일 필요는 없다. 대다수 국민은 친일파들이 해방 후 반공주의자로 변신해 이 나라의 역사를 굴절시킨 것을 용납하지 않는다. 역사 청산은 이뤄져야 하며, 과거에 친일했던 이들이 적어도 그 사실을 고백하고 반성해야 한다고 생각하고 있다.

　김영삼 정권이 '역사 바로 세우기'에 나선 것은 이 때문이었다. 그 업적을 하필 그의 후예인 김무성 전 의원이 뒤엎으려 한 것은 매우 이상한 일이다. 워낙 퇴행적 시도인 만큼 그 전쟁은 결국 보수의 패배로 끝났다. 앞으로도 그럴 것이다. 식민지 근대화론이나 반일 종족주의 담론으로 시민들을 설득할 수는 없다. 그것으로 민족주의 사관을 이길 수도 없다.

　오늘날 민족사관은 과거 NL 운동권 버전처럼 그렇게 조야하지 않다. 그런 의미에서 정경희 의원이 국회에 뉴라이트 인사들을 데려와 역사전쟁을 재개한 것은 여러모로 부적절한 일이었다.

● 건국절과 국부 논쟁

　사실 이 논쟁은 아주 오래전에 시작됐다. 이영훈 전 교수는 2006년 7월 31일자 〈동아일보〉 기고 글에서 "대한민국 정부가 수립된 1948년 8월 15일을 건국일로 규정하자"고 제안한다. 하지만 그가 '국부'로 추앙하는 이승만 전 대통령은 정작 대한민국 건국일을 1948년으로 보지 않았다. 이 전 대통령이 제정한 제헌헌법은 1919년 기미 삼일운동을 건국으로, 1948년 정부 수립을 '재건'으로 규정하고 있다. "유구한 역사와 전통에 빛나는 우리들 대한국민은 기미 삼일운동으로 대한민국을 건립하여 세계에 선포한 위대한 독립정신을 계승하여 이제 민주독립국가를 재건함에 있어서…."

문제는 여기서 그치지 않는다. 뉴라이트에서 1948년을 건국일로 삼으려 하는 것은 그 전에는 대한민국이 존재하지 않았다고 보기 때문이다. 그럼 당시 조선은 무엇이었는가? 당연히 일본제국의 일부일 수밖에 없다. 건국절을 제정하자는 제안은 결국 한일합병이 합법적이었다고 말하는 은밀한 방식일 뿐이다. 친일 전력자들에게는 솔깃한 주장이 아닐 수 없다. 대한민국이 없었다면 친일은 매국이 아니게 된다. 나라가 있어야 팔아먹을 게 아닌가. 게다가 일본이 조선 근대화를 도왔다는 인식이 합쳐지면 친일은 졸지에 조국 근대화를 위한 노력으로 둔갑해버린다.

이런 논리적 함정 때문에 정경희 의원이 시작한 건국절 논쟁은 결국 보수를 덫에 빠뜨릴 것이다. 이런 이에게 공천을 줬다는 것은 국민의힘이 아직 뉴라이트의 영향에서 완전히 자유롭지 못하다는 뜻이리라. 물론 여당의 일부 정치인 또한 민족주의 이념의 편향에 빠진 것이 사실이다. 청와대 민정수석이 소셜네트워크서비스(SNS)에 〈죽창가〉를 올리고, 여당 의원들이 친일파 파묘 법안을 발의하는 등 퇴행적 행동을 하는 것도 사실이다. 하지만 이를 비판하기 위해 굳이 역사 수정주의를 받아들일 필요는 없다. 보수는 다시 김영삼 정권의 '역사 바로 세우기'로 돌아가야 한다.

국가의 정체성을 확보하기 위해 양아버지를 모실 필요는 없다. 대한민국 정체성을 만든 것은 '국부'로 불리는 이가 아니기 때문이다. 일제와 맞서 싸운 것은 이 땅의 백성들이었고, 북한의 침략에 맞서 싸운 것도 이 땅의 민초들이었다. 고된 노동과 아픈 희생으로 산업화를 이룩한 것은 이 땅의 노동자들이었고, 군부독재에 대항해 민주주의를 쟁취한 것은 이 땅의 시민들이었다. 바로 그들이 오늘의 대한민국을 만들었고, 앞으로도 그들이 이 나라를 만들어나갈 것이다. 보수가 찾는 대한민국의 정체성은 이 이름 없는 시민의 희생과 헌신과 노력 속에 숨어 있다.

진중권 보수를 말하다

장

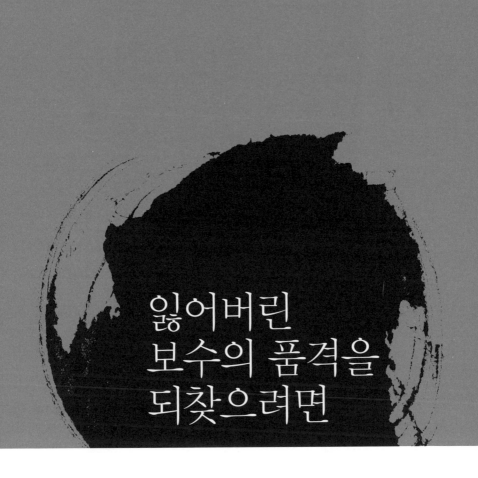

잃어버린
보수의 품격을
되찾으려면

정치적 올바름에 관하여

감성적 올바름에 관하여

극우와 우아하게 헤어지는 법

나는 진보인데 왜 보수의 말에 끌리는가

공화주의와 자유주의를 말하라

정치적 올바름에
관하여

● 정치적 올바름

'정치적 올바름(political correctness)'이라는 말이 있다. 인종·성별·장애·성 정체성 등으로 구별되는 특정 집단을 배제하거나 모욕하는 언행을 삼가는 태도를 가리킨다. 이 말은 본래 1970년대 좌파 사이에서 이념적으로 너무 경직된 사람을 비꼴 때 쓰는 경멸어였다. 하지만 1990년대 이후 보수주의자들이 매사 너무 깐깐하게 따지고 드는 진보주의자들의 행태를 비꼴 때 이 말을 사용하기 시작했다. 차별에 과민하게(?) 반응하는 것에 대한 보수의 심리적 반발이라고나 할까.

사회적 차별의 기제는 그 안에 사는 이들의 몸에 기재되기 마련이다. 아무리 진보적인 사람이라도 몸에 밴 차별의 습속이 무의식중에 튀어나올 때가 있다. 부끄럽지만 나 역시 과거에 차별이 담긴 표현을 사용한 적 있고, 여전히 그러고 있을지도 모른다. 그렇다고 내가 차별주의자는 아니다. 그때나 지금이나 나는 모든 차별에 단호히 반대하기 때문이다. 그저 차별을 차별로 인지하는 '감수성'이 모자란 것뿐이다. 생각을 고치기는 쉬워도 몸에 밴 습속을 고치는 것은 어렵다.

차별이 일상화한 곳에서는 차별이 차별로 느껴지지 않는 법이다. 내가 누군가에게 차별적 표현을 했음을 지적당했다고 하자. 이런 환경에 있는 사람은 대부분 '내가 차별에 둔감한 게 아니라 그가 표현에 과민한 것'이라고 생각한다. 이럴 때 보수주의자들이 사용하는 표현이 바로 '정치적 올바름'이다. 여기서 정치적 올바름은 '괜히 말꼬리나 잡으며 쓸데없이 남에게 지적질하고 다니는 행태'를 가리킨다. 그 비아냥거림의 대상은 물론 그런 '지적질'을 역사적 사명으로 아는 진보주의자들이다.

보수가 진보보다 다소 둔감한 것은 사실이지만, 차별에 진보와 보수가 따로 있는 것은 아니다. 어차피 어느 진영에서나 주류는 남성·한국인·비장애인·이성애자이기 때문이다. 그래서 장애인에 대한 차별적 언행에는 여야가 따로 없다. 2020년 초 민주당 이해찬 전

대표는 "선천적 장애인은 후천적 장애인에 비해 의지가 약하다"고 했다. 이를 비판한 야당의 당시 대변인(박용찬)도 다르지 않았다. "몸이 불편한 사람이 장애인이 아니다. 삐뚤어진 마음과 그릇된 생각을 하는 사람이야말로 장애인이다." 역시 '장애인'이라는 단어를 혐오의 의미로 사용했다.

　이 분야에서 이해찬 전 대표는 악명이 높다. 그가 말했다. "정치권에서 보면 정상인가 싶을 정도로 정신장애인이 많이 있다." 야당도 지지 않는다. 2019년 국회 국정감사에서 여상규 법제사법위원장은 장애를 욕설로 사용한 바 있다. "웃기고 앉았네! XX 같은 게." 당시 국민의힘 주호영 의원은 정세균 국무총리 후보자를 "절름발이 총리"라 불렀고, 황교안 대표는 "대통령이 북한의 미사일 도발에 벙어리가 돼버렸다"고 말했다. 장애인 인권단체가 국가인권위원회에 제소한 정치인 명단에는 여야 의원이 고루 포진돼 있다.

● 사회적 지배 성향

　대수롭지 않게 쓰던 '꿀 먹은 벙어리'라는 표현도 이제는 불편하게 느껴진다. 차별에 대한 감수성이 날로 예민해지니, 우리가 입버릇처럼 내뱉은 다른 많은 표현도 앞으로 그렇게 될 것이다. 이런 변화는 진보보다 보수에 불리할 수밖에 없다. 실제로 이제까지 차별 발언은 주로 보수 정치인 입에서 나왔다. 당연한 일이다. 진보는 위계와 차별에 반대하는 평등주의 성향을 갖고 있는 반면, 보수는 인간 사이의 위계와 능력에 따른 차별을 당연시하는 경향이 있기 때문이다.

일반적으로 보수는 진보와 비교해 '사회적 지배 성향(Social Dominance Orientation·SDO)'이 강하다고 한다. 보수는 사회 높은 곳에 있는 이들은 제 능력으로 그 자리에 올랐으며, 사회 낮은 곳에 있는 이들은 노력이나 능력이 부족해 그곳에 있다고 생각한다. 그들은 실력에 따른 차별 대우를 당연시하고, 차별을 없애라는 요구를 부당하게 여긴다. 그러니 사회적 약자에 대한 공감 능력이 떨어질 수밖에 없다. 정치적으로 올바르지 못한 발언이 주로 보수 정치인의 입에서 나오는 것은 이 때문이다.

이 상황이 진보에 유리하기만 한 것은 아니다. 보수의 문제가 사회적 약자의 고통에 상대적으로 무감(無感)한 데 있다면, 진보의 문제는 약자와 연대한다는 약속을 지키는 게 쉽지 않다는 데 있다. 정치적 올바름을 경시하는 보수가 '막말의 위험'을 안고 살아간다면, 정치적 올바름을 중시하는 진보는 '공약의 부담'을 지고 살아간다. 똑같은 짓을 해도 진보는 더 많은 비난을 받는다. 평소에 정의로운 척했기 때문이다. 제 삶으로 제 말을 배반하는 것을 우리는 '위선'이라 부른다.

진중권 보수를 말하다

보수는 정치적 올바름을 가벼이 여겨 '망언'을 한다. 진보는 입으로 외치던 정치적 올바름을 몸으로 지키지 못해 '위선'에 빠지곤 한다. 고로 진보는 진영의 위선을 제거하며 상대의 막말을 비판해야 하고, 보수는 진영의 막말을 제거하며 상대의 위선을 비판해야 할 것이다. 문제는 이것이 그렇게 쉽지 않다는 점이다. 막말과 위선은 개인의 성향일 뿐 아니라 동시에 진영의 성향이기도 하다. 조국 사태 때 진영 전체가 그의 위선을 변명하고 비호했던 것을 생각해보면 알 수 있다.

● 보수를 갉아먹는 망언

보수도 마찬가지다. 총선 참패를 부른 차명진 전 의원의 망언이 이를 잘 보여준다. "세월호 자원봉사자와 유가족이 텐트 안에서 말로 표현할 수 없는 문란한 행위를 했다는 기사를 알고 있다." 이 막말에 대한 미래통합당의 조치는 고작 '탈당 권유'였다. 그를 제명한 것은 결국 여론이었다. 당은 사태의 심각성을 인지조차 못 했다. 이는 그 당이 피해자에 공감하는 능력이 부족하다는 것을 의미한다. 극우 인사만의 문제가 아니다. 그 망언을 낳은 정서는 당내에서 널리 공유되고 있었다.

차 전 의원은 2019년에도 전설적 망언을 남긴 바 있다. "세월호 유가족들, 자식의 죽음에 대한 세간의 동병상련을 회 쳐 먹고 찜 쪄 먹고, 그것도 모자라 뼈까지 발라 먹고 진짜 징하게 해 처먹는다." 그때 정진석 의원은 "세월호 좀 그만 우려먹으라고 하세요. 이제 징글징글하다"는 지인의 글을 자신의 SNS에 공유했다. 안상수 전 의원 역시 "불쌍한 아이들 욕보이는 짓"이라고 맞장구를 쳤다. 피해자에 공감하는 감성의 결핍은 폭식 투쟁을 했던 일베저장소(일명 '일베')만의 문제가 아니라는 얘기다.

망언의 또 다른 단골 소재는 5·18 민주항쟁이다. 김진태 전 의원은 지만원 씨를 국회로 초청해 5·18이 북한군의 폭동이라고 주장하는 토론회를 열었다. 그 자리에서 이종명 전 의원은 "정치적이고 이념적으로 이용하는 세력들에 의해 폭동이 민주화운동으로 변질했다"고 말했다. 김순례 전 의원은 "종북좌파들이 5·18 유공자라는 이상한 괴물 집단을 만들어내면서 우리 세금을 축내고 있다"고 말했다. 공당의 의원들이 피해자인 시민이 아니라 가해자인 쿠데타 세력에게 감정 이입한 것이다.

이들 중 제명된 사람은 이종명 의원뿐, 김순례 의원은 당원권 정지, 김진태 의원은 경고를 받는 데 그쳤다. 2020년 5·18 민주화운동 기념식에서 국민의힘 주호영 원내대표가 '임을 위한 행진곡'을 부르고, 5·18 민주묘역에서 김종인 비상대책위원장이 무릎을 꿇은 것은 보수의 이런 고질병과 결별하겠다는 의지의 표현이다.

그래도 기층의 정서는 여전한 모양이다. 차명진 전 의원은 이런 행보에 크게 반발했다. "자기 혼자 반성하면 될 것을 왜 통합당까지 도매금으로 끌고 들어가 무릎 꿇고 찔찔 짜고 난리를 치는가."

◉ 진보의 위선을 비판할 자격은 '피해자와 교감'에서

누군가 세월호를 정치적으로 이용한다면 유가족을 공격할 게 아니라 그들을 이용하는 세력을 비판해야 한다. 5·18 유공자 중 미심쩍은 사람이 있다면 유공자 전체를 싸잡아 욕할 게 아니라 사실과 근거로 그들 중 가짜를 골라내 비판할 일이다. 그리고 어떤 비판이든 피해자의 고통에 대한 공감 위에서 이뤄져야 하고, 아울러 가해자 집단에 속했던 자신들의 과거에 대한 사과와 반성도 따라야 한다. 그런 의미에서 김종인 비상대책위원장이 5·18 민주묘역에서 무릎을 꿇은 것은 평가할 만하다.

막말에는 물론 여야가 따로 없다. 하지만 더 조심해야 할 쪽은 보수다. 성향상 피해자에 공감하는 능력이 상대적으로 떨어지기 때문이다. 진보는 정치적 올바름을 주장한 대가로 '공약의 부담'을 지고 살아야 한다. 그 약속을 지키지 못해 위선의 덫에 빠지는 것이 진보의 운명이다. 위선은 역겹다. 그것을 보며 정치적 올바름 자체를 조롱하다 막말 늪에 빠지는 게 보수의 숙명이다.

보수는 정치적 올바름을 조롱해선 안 된다. 외려 철저히 지키려고 애써야 한다. 그래야 진보의 위선을 비판할 자격이 생긴다.

보수가 외면당한 것은 유권자들이 보수의 막말을 진보의 위선보다 더 파렴치하게 보기 때문이다. 정치적으로 옳지 못한 언행은 보수에 상처만 입힐 뿐이다. 선거의 패배는 생채기일 뿐이다. 치명상은 유권자 머릿속에 보수가 아예 공감 능력이 없는 혐오·기피 세력으로 새겨지는 것이다.

감성적 올바름에
관하여

● 공감 능력 상실

한국 보수의 결정적 문제는 '공감 능력 결여'에 있다. 유권자의 표심을 가르는 데서 '이성' 이상으로 중요한 역할을 하는 것이 '감성'이다. 인간은 합리적 동물이기 이전에 감정적 동물이기 때문이다. 감정은 때론 치명적 결과를 낳는다. 2012년 총선에서 민주통합당(현 민주당)은 김용민의 막말을 제때 처리하지 못해 다 이긴 선거를 놓쳤다. 2020년 총선에서는 미래통합당이 민경욱, 차명진의 막말로 곤욕을 치렀다. 유세 기간을 막말 수습에 보내다 결국 수도권 후보가 거의 전멸하는 궤멸적 타격을 입었다.

보수는 왜 툭하면 '막말'을 하나? 간단하다. 막말을 막말로 인지하지 못하기 때문이다. 그것은 보수의 감성(sensibility)이 사회 일반의 감정에서 동떨어져 있다는 것을 뜻한다. 한국 보수는 '감성의 게토'에 갇혀 있다. 국민의힘 의원들의 막말 시리즈는 이 게토(ghetto·중세 이후 유럽 각 지역에서 유대인을 강제 격리하기 위해 설정한 유대인 거주 지역으로 일종의 고립된 섬)의 정서를 반영한 것이다. 게토 주민들 사이에는 '사이다'로 통하는 것이 담장 너머에서는 '막말'로 여겨진다는 사실을 모른다. 바깥 세계와의 논리적 소통은 물론, 감정적 교류마저도 불가능해진 것이다.

이 감성의 괴리가 처음 드러난 것이 세월호 침몰사고다. 보수의 몰락은 이 일에서 시작됐다고 해도 과언이 아니다. 그때 일반 국민과 당시 새누리당 사이에 가로놓인 깊은 감정의 골이 극명하게 드러났다. 참사 당일 새누리당 대변인이던 민경욱 전 의원은 사건 브리핑 연습 도중 실수를 하고는 "난리 났네"라며 킬킬거렸다. 온 국민이 충격 속에서 세월호에 갇힌 아이들의 구조 소식을 기다리며 깊이 우려하던 차였다. 이 장면을 TV로 지켜본 국민은 '도대체 저들도 인간인가'라는 느낌을 받았다.

그 후 보수진영 의원들의 망언이 쏟아졌다. 주호영 의원은 "세월호 침몰사고는 교통사고"라며 "국가가 과잉보상해서는 안 된다"고 말했다. 희생자 가족이 전남 진도 팽목항에서 실종자 시신이 올

진중권 보수를 말하다

라오기를 간절히 기다리는 동안 김진태 전 의원은 "세월호를 인양하지 말자. 돈도 시간도 너무 많이 든다"고 했다. 안상수 전 의원은 "세월호 같은 교통사고에 5,000억 원을 쓴 나라"라고 푸념했다. 국민은 자식 잃은 부모의 마음으로 사건을 바라보는데 집권 여당에선 그 일을 빨리 수습하고 넘기고 싶은 '사고'로 본 것이다.

시간이 갈수록 막말 수위는 높아졌다. 정진석 전 의원은 "세월호 그만 좀 우려먹으라"며 유가족을 타박했고, 차명진 전 의원은 "진짜 징하게 해 처먹는다"며 유가족을 비난했다. 김순례 전 의원의 망언도 국민의 뇌리에 깊은 인상을 남겼다. 그는 세월호 침몰사고의 배상액이 국가유공자 연금액의 240배라며 "이러니 '시체 장사'라는 말이 나올 만도 하다"고 했다. 대체 어느 부모가 제 자식 시체를 놓고 장사를 한단 말인가. 이런 발상 자체가 이들의 감성에 문제가 있음을 보여준다.

◉ 잘못된 인지, 아무 말 대잔치

사회적 비난을 받은 일베의 폭식 투쟁도 이런 분위기에서 나온 것이다. 국민의힘은 아직도 세월호 침몰사고가 국민에게 준 트라우마를 제대로 이해하지 못하고 있는 듯하다. 2020년 7월 1일 주호영 의원은 국회를 '통제받지 않는 폭주 기관차'에 비유하며 이렇게 말했다. "이 폭주 열차가 세월호만큼 엉성하다. 승객이 다 탔는지, 승무원들은 제 자리에 있는지 점검조차 하지 않고 출발했다." 여전히 구조 실패에 대한 미안함은 물론이고 세월호 관리·감독의 책임이 자신들에게 있었다는 인식조차 없다.

2019년 7월 국민의힘(당시 자유한국당) 정미경 당시 최고위원은 연석회의에서 "어찌 보면 문재인 대통령이 (이순신 장군보다) 낫다더라. 세월호 한 척을 갖고 이긴 것"이라고 말했다. 좌중은 폭소를 터뜨렸다. 세월호 침몰사고를 농담 소재로 삼은 것이다. 이 발언은 그들이 세월호 침몰사고를 바라보는 관점을 고스란히 드러낸다. 그들에게 이 사고는 정권을 넘겨주게 만든 '악재'에 불과했다는 얘기다. 이를 말려야 할 황교안 당시 당대표는 외려 "아무거나 막말이라고 말하는 것이 막말"이라며 이 막말을 거들었다.

이런 분위기는 결국 실전에서 대형 사고로 이어진다. 21대 총선 미래통합당 경기 부천병 차명진 후보가 TV토론회에서 극언을 한 것이다. 김종인 비상대책위원장이 부랴부랴 그를 제명하고 대신 사과했지만 때는 이미 늦었다. 차 후보는 길거리 유세를 하면서도 "세월호 텐트의 검은 진실을 밝히라. ○○○으로 더럽힌 그대들 세월호 연대 당장 국민에게 사과하고 감옥으로 가라"고 외쳐댔다.

그뿐이 아니다. 김문수 전 경기도지사는 "차 후보는 누구나 바라는 말을 했다"면서 그를 두둔했다. 또한 홍준표 전 당대표는 "세

진중권 보수를 말하다

월호 막말을 한 차 후보와 정진석 의원을 윤리위원회에 회부하는
것은 잘못된 시류에 영합하는 일"이라며 그들을 감쌌다. 막말을
막말로 인지조차 못 하는 것이다. 비슷한 시기에 민경욱 전 의원은
자신의 페이스북에 입에 담지 못할 욕설이 담긴 글을 올렸다. 이
때문에 공천에서 컷오프된 그를 공천관리위원회가 되살려냈다.
그 정도는 막말도 아닌 모양이다.

◉ 사이코패스 정당인가

　막말의 또 다른 단골 소재는 5·18 민주화운동이다. 새누리당 이
종명 전 의원은 5·18을 "북한군이 개입한 폭동"으로 매도했다. 신
군부에 의한 정당한 진압으로 호도한 것이다. 김순례 전 의원은
"종북좌파들이 5·18 유공자라는 이상한 괴물 집단을 만들어내면
서 우리 세금을 축내고 있다"고 비난했다. 여기에는 광주에서 고
통받은 이들에 대한 배려, 그들의 슬픔에 대한 공감은 존재하지 않
는다. 5·18은 우리 역사의 트라우마다. 그런데 그것을 막말 소재로
삼고 있으니 일반 시민과 정서적 소통이 안 되는 것이다.

　2019년 다뉴브강 유람선 침몰사고 때 민경욱 전 의원은 대통령
을 이렇게 비꼬았다. "일반인이 차가운 강물에 빠졌을 때 골든타
임은 기껏해야 3분이다. 문재인 대통령이 구조대를 지구 반 바퀴

떨어진 헝가리로 보내면서 '중요한 건 속도'라고 했단다." 구조대는 그 어떤 상황에서도 조난자가 아직 살아 있다고 가정해야 한다. 3분이 지났으니 구조가 필요 없다는 얘기인가. 그의 머릿속에는 조난자에 대한 걱정도, 그들의 생존을 바라는 염원도 없는 듯 보인다. 세월호 사고가 괜히 터진 게 아니다.

당시 자유한국당 김현아 의원의 말이다. "상처가 났는데도 고통을 느끼지 못한 채 방치해 상처가 더 커지는 병이 한센병이다. 대통령의 생각이 다른 국민의 고통을 못 느낀다면 이를 지칭해 의학 용어를 쓸 수 있다고 본다." 대통령을 비난하려다 그만 한센인까지 모독한 것이다. 여기에도 한센인을 향한 배려, 그들이 한국처럼 차별이 심한 사회에서 평생을 겪어왔을 아픔에 대한 이해는 없다. 매사가 이런 식이니, 타인의 고통을 못 느끼는 '사이코패스 정당'이라는 소리를 듣는 것이다.

◉ 모두에게 필요한 공감 능력, 감정이입 능력

유권자들을 이성적으로 설득하는 것 못지않게 중요한 게 있다. 바로 그들의 처지에 이입해 고통에 공감하는 것이다. 민주당은 이 감정 소통의 중요성을 안다. 탁현민 청와대 의전비서관은 뛰어난 연출력으로 이 '고객 감동' 경영의 효과를 배가했다. 하지만 권력을 잡아서 그런가. 최근 민주당도 보수당의 전철을 그대로 밟는 것처럼 보인다.

그 상징적 사건이 2020년 3월 27일 '서해수호의 날' 행사다. 고 민평기 상사의 노모가 문재인 대통령의 분향을 가로막은 채 "천안함 폭침이 누구의 소행입니까?"라고 물었다. 그때 대통령의 표정은 매우 싸늘해 보였다. 또 하나는 전직 국무총리인 민주당 이낙연 의원이 이천 화재 현장을 방문했을 때 유가족과 대화를 나누는 장면이다. 대책을 갖고 왔느냐는 질문에 그는 "지금 현직에 있지 않아 책임 있는 위치에 있는 게 아니다"라고 퉁명스럽게 답했다.

특히 조국 사태 이후 민주당은 연일 국민 정서와는 동떨어진 언행을 쏟아내고 있다. 윤미향 사태는 물론이고, 박원순 서울시장 사건에서도 피해자가 아니라 가해자 입장에 섰다. 진성준 의원은 "박 시장을 가해자로 기정사실화 하는 것은 사자(死者) 명예훼손"이라고 말했다. 이해찬 당시 대표는 기자에게 상소리를 하고, 피해자를 "피해 호소 여성"이라고 불렀다. 윤준병 의원은 '가짜 미투(Me Too)' 의혹까지 제기했다. 박 시장 지지자들은 여전히 피해자에게 2차 가해를 저지르고 있다.

여당이 버린 피해자는 당연히 야당에서 품어야 한다. 그러려면 피해자에게 이입해 그의 고통을 함께 느낄 수 있어야 한다. 하지만 보수 야당은 이 사안을 그저 정치적 호재로만 보는 듯하다. 국민의힘 배현진 의원은 철 지난 음모론을 들고 맥락 없이 상주인 박주신 씨를 공격했다. 피해 여성의 고통을 함께 느끼고 그의 회복을 위해 함께 싸워야 할 때 뜬금 없이 아버지를 잃고 슬퍼하는 아들을 공격한 것이다. 피해자의 고통은 물론이고 유족의 슬픔에 공감할 능력이 없어서 그러는 것이다.

왜 그러는 걸까. 아마도 그 당이 강경보수층 입김에서 벗어나지 못하기 때문일 것이다. 민주당의 강성 지지자들처럼 보수진영 강경 지지자들도 감정이입 능력이 부족하다. 타인이란 곧 '적'이기에 그들은 타인의 고통에서 외려 큰 기쁨을 느낀다. 앞서 열거한 양편의 사이코패스 같은 언행은 모두 거기서 나오는 것이다. 보수가 다시 지지받으려면 감성적 올바름부터 갖춰야 한다. 그러려면 감정이입 능력을 회복해야 하고, 일반 시민과 정서적으로 교감하는 법을 배워야 한다.

진중권 보수를 말하다

극우와 우아하게
헤어지는 법

● 보수와 아스팔트 우익

국민의힘이 아스팔트 우익들과 결별을 시작했다. 계기가 된 것은 2020년 8월 15일 광화문 집회다. 집회 며칠 전 국민의힘(당시 미래통합당)을 향해 집회를 적극적으로 만류하라고 주문한 바 있다. 원희룡 제주도지사도 만류에 나섰지만, 당 지도부는 "당 차원의 참여는 없으나 당원들의 개인적 참여는 막지 않겠다"며 사태를 방관했다. 결국 민경욱, 차명진, 김문수, 김진태 등 전 의원들이 집회에 주도적으로 참여했고, 현역인 홍문표 의원과 유정복 전 인천시장도 집회에 얼굴을 내비쳤다. 거기서 대형 클러스터가 발생하자 민주당에서는 때를 놓칠세라 일제히 국민의힘에 무차별 공격을 퍼부어댔다.

이 사태는 예고된 것이었다. 전광훈 목사의 사랑제일교회는 개신교 내에서도 논란이 있을 정도로 정통 교단과 차이가 있다. 언젠가 우연히 그 교회 신도들이 식당에서 기도하는 모습을 봤는데, 그 내용과 방식이 평범한 기독교인의 식사 기도와는 전혀 달랐다. 교단 내에서 논란이 있는 교회일수록 신도를 사회와 단절시키는 경향을 보인다. 반복적 세뇌를 통해 교회 안에 세상과 유리된 자기들만의 세계를 구축하면, 망상으로 빚은 그 세계 안에서 교주는 신 행세를 하게 된다. 전광훈 목사는 심지어 신보다 높은 지위를 누린 것으로 보인다.

"하나님도 까불면 나한테 죽어."

신도들로부터 맹목적 충성을 끌어내려면 그들을 늘 종교적 흥분 상태로 몰아넣어야 한다. 그래서 논란이 큰 종교일수록 신도들의 삶 전체를 아예 교단의 모임으로 채우려 들기 마련이다. 거기서 자연스레 밀집·밀폐·밀접, 즉 바이러스 확산을 위한 최적의 조건이 만들어진다. 신천지 교단이 신종 코로나바이러스의 최대 클러스터가 된 것도 이 때문이다. 사랑제일교회는 신천지보다 규모만 작을 뿐, 사실 신도 수 대비 확진율은 신천지보다 높다. 이런 사람들이 대거 몰려나왔으니, 그 집회가 바이러스 확산의 전국적 중심이 되는 것은 확정된 사실이나 다름없었다.

　문제는 이들이 그저 종교집단이 아니라는 데 있다. 이들의 종교적 믿음은 정치적 광신으로 이어진다. 전광훈 목사는 늘 "문재인 정권이 김정은의 지령에 따라 적화통일을 획책하고 있다"고 설교해왔다. 목사의 망상에 세뇌된 신도들은 신종 코로나바이러스보다 연방제 적화통일을 더 현실적 위협으로 느끼고, 나라를 구한다는 사명감으로 광화문광장에 모인 것이다. 그들이 코로나19 검사를 거부하고 격리 중 도주한 것 역시 검사와 격리를 정치적 탄압으로 오인했기 때문이다. 문제는 이런 반사회적 행태가 한국 보수를 대표하는 이미지로 굳어진다는 점이다.

　보수든 진보든, 그것은 국민을 위하는 방식의 이름이어야 한다. 자신들의 신념 때문에 동료 시민을 위험에 빠뜨리는 게 보수인가. 보수정당이라면 윤리적 책임감을 느끼고 이런 민폐가 보수의 이름으로 행해지는 것을 막아야지, 앉아서 보고만 있을 일은 아니었다. 이 방관은 정치적으로도 현명하지 못했다. 집회로 감염 폭발이 일어날 경우 그 책임은 보수가 뒤집어쓸 수밖에 없다. 그렇다면 이를 예상해 미리 차단했어야 한다. 결국 확산의 주요 책임은 정부에 있음에도 그 죄를 보수가 뒤집어쓰게 됐다. 괜한 짓으로 이 정권에 빠져나갈 빌미만 준 것이다.

⊙ 깨끗한 결별이 필요하다

사건이 터진 후에야 국민의힘 주호영 원내대표가 뒤늦게 "공동선에 반하는 무모한 일을 용서할 수 없다"며 이들과 선을 긋고 나섰다. 그러자 반발이 터져나왔다. 차명진 전 의원은 "이게 당이냐"며 "동지는 쫓아내고 근본 없는 양아치한테 안방 내주더니"라고 한탄을 쏟아냈다. 복당을 원하는 홍준표 의원은 "그 사람들은 온몸으로 문재인 정권을 반대하는 사람들일 뿐"이라며 광화문 집회 참석자들을 변호하고 나섰다. "그 사람들을 극우세력으로 몰고 가면서 국민과 야당으로부터 고립시키려고 하는 정치적 음모는 참으로 놀랍다." 이로써 과거와 결별하는 게 얼마나 어려운 일인지 알 수 있다.

국민의힘은 차명진, 민경욱, 김문수, 김진태 등 아스팔트 우익과 단호히 결별해야 한다. 주 원내대표의 말대로 이들에게는 '공동선(共同善)'의 개념이 없다. 그런 이들에게 정치를 맡겨서는 안 된다. 홍준표 의원의 복당은 국민의힘에 큰 화를 가져올 것이다. 이 상황에서 광화문 집회를 옹호한 것은 정치적 자살 행위나 다름없다. 그것을 당대표까지 지낸 그가 몰랐을 리 없다. 몰랐다면 정치적 감각이 없는 것이고, 정치 감각의 결여는 정치인에게 죄악이다. 그걸 알면서도 자기 정치를 한 것이다.

아스팔트 우익과 결별하기 위해 김근식 경남대 교수가 제시한 기준을 참고할 만하다. 그는 보수 쇄신의 기준으로 세 가지를 꼽는다. ① "탄핵이 사기라며 과거의 늪에 빠져 탄핵의 강을 건너지 않는 분들", ② "5·18 민주화운동을 부인·비난하고 북한 개입까지 주장하며 역사적 의미를 폄하하는 분들", ③ "말도 안 되는 가짜 뉴스를 퍼뜨리는 유튜버와 확인되지 않은 가짜 뉴스를 믿고 따르는 분들". 그의 말대로 "중도층의 비호감만 양산하는 극단적인 분들은 결코 건전한 중도·보수 야당의 승리에 도움이 되지 않는다." 진보는 오래전 분화를 끝냈다. 보수도 이제 창조적인 분화를 할 때가 됐다.

전환에 대한 반발은 크게 두 가지로 나타나고 있다. 하나는 국민의힘이 '민주당의 2중대'가 됐다는 것이다. 보수야당이 전광훈 목사를 비판하자, 사랑제일교회 측은 "더불어민주당의 2중대는 바로 미래통합당"이라고 비난했다. 우리공화당도 "미래통합당이 위장보수를 벗고서 더불어민주당 2중대, 호남 세력에게만 구애하는 친호남당의 정체를 드러내고 있다"는 성명을 발표했다.

또 하나는 노선의 전환이 외연 확대에 도움이 안 된다는 것이다. 차명진 전 의원은 "중도층은 미통당(미래통합당) 안 가고 안철수한테 갈 거다. 안철수가 빠르게 클 것"이라고 주장했다.

◉ 혁신과 확장, 합리적 보수가 되는 길

이보다 더 어려운 것은 상층이 아니라 기층에서의 결별이다. 현재 보수의 핵심 지지층은 유튜버에 장악돼 있다. 김무성 전 의원이 보수 유튜버와 전쟁을 선포했다. 그의 말대로 보수 유튜버의 영향력은 과장돼 있다. "아스팔트 태극기부대가 엄청나게 큰 줄 알았는데 투표해 보니까 아니라는 증명이 돼버렸다."

문제는 확장성 없는 이들 극우 유튜버들이 기고만장해 우파에서 가능성 있는 사람들까지 비판해 다 죽였다는 것이다. 이들의 극단적 논조가 보수의 자기 쇄신을 불가능하게 만들었다. 국민의힘 당내 변신 노력도 이들은 보수 정체성의 배반이라고 비난할 것이다.

게다가 국민의힘 진성 당원들은 여전히 보수 유튜버의 영향 아래 있다. 그 결과 당심과 민심 사이에 건널 수 없는 심연이 생겨버렸다. 광화문 집회는 그 심연의 깊이를 보여준다. 주호영 원내대표가 〈미스터 트롯〉 형식의 국민참여 경선을 도입하려 한 것은 그 간극을 좁히기 위한 고육책일 것이다. 하지만 그것이 궁극적인 해결책이 될 수는 없다. 당심을 민심에 접근시키기 위한 더 장기적인 계획이 필요하다. 그러려면 유튜브에 빼앗긴 지지층을 되찾아올 필요가 있다. 보수 유튜버에 대한 비판만으로는 부족하다. 여기에 쏠리는 대중의 니즈(needs)를 충족시킬 대안이 있어야 한다.

진중권 보수를 말하다

보수 유튜브에 막장만 있는 것은 아니다. 젊은 세대가 운영하는 유튜브 채널 중에는 〈성제준 TV〉, 〈지식의 칼〉 등 괜찮은 것들도 있다. 최근 수준이 확 떨어진 민주당 측 채널들보다 이런 채널이 더 나아 보이기도 한다. 하지만 이들 채널도 보수층만 겨냥하고 있어 확장성은 떨어진다. 콘텐츠도 정(正)에 대한 단순한 반(反)에 머물고 있다. 중도층에 소구력을 가지려면 비판이 합(合)의 관점에 서야 한다. 거기에 필요한 보수 비전이 마련돼 있지 않다 보니, 꽤 날카로운 비판을 하면서도 결국 수구 입장으로 회귀하는 한계를 드러낸다.

이러한 한계는 정당이 도와주면 극복할 수 있다. 새 정강정책을 통해 먼저 괜찮은 보수 유튜버들부터 설득해야 한다. 이런 채널들은 최근 모습을 드러낸 20~30대 젊은 보수층의 정서를 잘 대변한다. 그러니 보수의 세대교체를 위해서는 이를 통해 새 비전을 제시하는 것이 매우 중요하다. 각 채널의 자발성과 독립성을 존중하되 수평적 협력관계를 맺을 필요도 있다. 사회적 관심을 끄는 사안과 관련해 필요한 정보를 제공하고, 당의 중요한 정책이나 결정을 널리 알려야 할 때 당 주요 인사들이 출연해 힘을 실어주는 것도 생각해볼 필요가 있다.

보수개혁이 성공하려면 합리적 보수가 극우로부터 지지층을 빼앗아 그들을 보수진영에서 주변화해야 한다. 그 첫걸음은 합리적 보수의 입장을 견지하는 정치적 소통의 대중 채널을 마련하는 것이다. 여기서 '합리적'이라 함은 구체적으로 진영 울타리에서 벗어나 보수의 주장을 중도 시각에서 개진하는 능력을 가리킨다. 이런 채널에서 이념적 경직성을 벗어버리고 보수만이 아니라 중도와 진보 측 인사까지 출연할 수 있는 정치적 유연성을 보여줘야 한다. 그럴 때 보수는 자신을 혁신하는 동시에 중도와 진보를 향해 외연을 확장할 수 있게 될 것이다.

진중권 보수를 말하다

나는 진보인데
왜 보수의 말에 끌리는가

● **보수를 삭제하라**

《나는 진보인데 왜 보수의 말에 끌리는가?》는 미국의 인지언어
학자 조지 레이코프의 저서 《Your Brain's Politics》의 한국어판 제
목이다.

2020년 총선 결과를 분석한 데이터를 보니 과거 보수정당을 지
지하던 사람들의 상당수가 민주당에 표를 던진 것으로 나타났다.
보수의 메시지가 유권자들로부터 외면당했다는 얘기다. 한국에서
는 미국과 정반대 현상이 나타난 셈이다. '나는 보수인데 왜 진보

의 말에 끌리는가?' 한국 보수는 프레임 전쟁에서 패배했다. 그것
도 철저히 패배했다.

중도층에게 보수 이미지는 그만큼 좋지 않다. '보수'라는 말은
태극기부대, 대북 전단, 전광훈 목사의 기독교 반공주의 집회를 연
상케 한다. 이른바 '보수집회'에서는 여전히 40년 전에나 듣던 군가
가 흘러나온다. 이번에 '차이나 게이트' 음모론처럼 외국인 노동자
와 중국인에 대한 차별적 인식 역시 보수의 이미지를 구성하는 요
소다. 전체적으로 보수는 시대에 뒤떨어지고, 시민사회의 상식에
미달하는 혐오 기피 집단의 이미지를 갖고 있다. 이처럼 한국 보수
는 대중 의식 속에 '극우'로 표상되고 있다.

국민의힘 김종인 비상대책위원장이 당에서 보수라는 말을 쓰
지 말라고 했던 것은 이 때문이다. 자신을 보수라 생각하는 사람은
그 말에서 긍정적 가치를 떠올리겠지만, 유감스럽게도 보수층 밖
에서 그 말은 대부분 부정적 장면들을 연상케 한다. 주관적 믿음과
객관적 실태에 큰 괴리가 있는 셈이다. 보수라는 말을 쓰지 말라고
했다고 당내에서 반발이 일어났다. 자신들이 새누리당 시절 이미
당 정강정책에서 '보수'라는 말을 삭제한 적이 있음을 까맣게 잊은
모양이다.

2012년 총선 전 비상대책위원이던 김종인 위원장은 새누리당
의 정강정책을 만들 때 '보수'라는 말을 딱 한 군데만 남겨놓고 다

빼버렸다고 한다. 그때도 당내 반발이 심했던 듯하다. 하지만 당시 여론조사에서는 '보수' 삭제에 찬성하는 여론이 절반을 넘었고, 삭제에 반대하는 여론은 15%에 불과했다고 한다. 보수라는 말을 삭제하는 대신 김 위원장은 정강정책에 '경제민주화'를 넣었다. 작전은 주효했다. 그해 총선에서 새누리당은 152석으로 단독 과반을 확보했고, 이어 대선에서도 승리해 재집권에 성공했다.

이는 보수가 스스로 생각하는 이미지와 남들이 보는 이미지 사이에 현격한 차이가 있음을 의미한다. 하지만 유권자들은 보수주의자의 머릿속 이미지가 아니라 그들이 겉으로 보여주는 이미지를 보고 표를 던진다. 보수가 비호감이 된 것은 그동안 주로 '극우'로만 표상돼왔기 때문이다. 정치에서 호감·비호감의 감정은 중요하다. 인간은 논리적 판단 전 호불호의 감정으로 사안에 대해 선(先)판단을 내리는 경향이 있다. 따라서 지지를 받으려면 이미지부터 호감으로 바꿔놓을 필요가 있다.

● 엄격한 아버지, 자상한 부모

영화 〈포레스트 검프〉에는 보수주의자의 긍정적인 상이 등장한다. 포레스트 검프는 똑똑한 사람이 아니다. 외려 평균보다 모자라는 인물이다. 하지만 우직하고 정의롭다. 바보처럼 국가에 충성하고, 친구를 아끼고, 가정에 충실하다. 똑똑하지는 않지만, 인간의 기본에 누구보다도 성실하다. 그런 그가 똑똑한 머리로 젠체하는 사람들보다 현명해 보인다. 그의 삶은 진보와 보수를 넘어 누구에게나 감동을 준다. 〈포레스트 검프〉에 묘사된 것은 한마디로 미국 보수주의자의 자긍심이다.

조지 레이코프는 미국인 의식에 새겨진 보수와 진보 이미지를 각각 '엄격한 아버지'와 '자상한 부모'로 특징 짓는다. 보수의 표상인 '엄격한 아버지'는 험한 세상에서 가정을 보호하고, 힘든 삶 속에서 가족을 부양하며, 자식에게 옳고 그름을 가르치는 존재다. 진보의 표상인 '자상한 부모'는 성별에 중립적이고, 자녀에게 감정이입을 할 줄 알며, 자신과 타인에게 책임지고, 가정과 지역, 국가와 세계를 위해 헌신하는 존재다. 이 이미지들은 물론 공화당과 민주당의 정책으로 구현된다.

딱 한 번 한국 보수에서 이 아버지상을 구축하려 한 적이 있다. 바로 영화 〈국제시장〉이다. 영화에서 아버지로 분한 황정민은 이렇게 말한다. "내는 그래 생각한다. 이 힘든 세상에 태어나가 이 힘든 세상 풍파를 우리 자식이 아니라 우리가 겪은 기 참 다행이라꼬." 여기서 볼 수 있는 것은 힘든 세상 풍파 속에서 가정을 지키고 자식들을 먹여 살린 희생적인 아버지의 모습이다. 영화 마지막에 황정민은 돌아가신 자신의 아버지에게 이렇게 묻는다. "아버지, 저

잘 살았죠?"

사실 이 영화는 우리 정치 맥락에서 나온 것이라기보다 영화 〈포레스트 검프〉를 한국 상황에 맞게 번안한 것에 더 가깝다. 그래서 보수의 실상과는 다소 거리가 있다. 그래서일까? 평론가 허지웅은 이 영화를 보고 "토 나온다"고 했다. 반면, 당시 민주당 문재인 대표는 영화를 보고 "가족의 가치를 확인하면서 부모 세대의 삶을 이해하고 공감하는 좋은 시간"이라고 평했다.

여러 견해를 뚫고 〈국제시장〉은 1,426만 관객을 동원함으로써 '나는 진보인데 왜 보수의 말에 끌리는가?' 이 말의 실현 가능성을 보여줬다.

◉ 보수의 말에 감동받다

현실의 보수에서는 받을 수 없었던 감동을 가끔 영화를 통해 받는다. 진보인 내가 보수의 말에 끌린 적이 또 한 번 있다. 영화 〈트로이〉에서 헥토르(에릭 바나 분)는 전투를 앞두고 병사들 앞에서 짧은 연설을 한다. 대사는 기억나지 않지만 대략 이런 내용이었다. "말주변이 없어 긴 얘기는 하지 않겠다. 나는 조국에 충성하고, 가족을 수호하는 것을 의무로 생각해왔다." 군더더기 없이 자기 인생을 이끌어온 철학만 간략히 표명하는데, 이런 우직함이 그 어떤 화려한 수사학보다 더 깊은 감동을 남겼다.

현실에서 나를 감동하게 한 보수의 말은 코로나19 사태를 맞아 앙겔라 메르켈 독일 총리가 행한 대국민 담화였다. 그는 상황을 솔직히 알리겠다며 이렇게 말한다.

"그것이 열린 민주주의에 속합니다. 그것이 정치적 결정을 투명하게 만들어줄 것입니다. 그것이 우리의 대응을 되도록 잘 근거 짓고 잘 전달하게 해줄 것입니다. 나는 이 과제의 핵심은 시민 모두가 과제를 자기 과제로 여기는 데 있다고 확신합니다. 그래서 말씀드립니다. 지금 심각합니다. 이 상황을 심각하게 받아들이십시오."

그는 코로나19 사태에 대응하는 독일 정부의 원칙을 천명하고 있다. 열린 민주주의와 정보의 투명한 공개. 이어서 그는 정부 부처와 연구기관들이 방역을 위해 어떤 준비를 하는지 알리고, 독일은 세계에서 가장 훌륭한 의료체계를 갖춘 나라 가운데 하나라며 국민을 안심시킨다. 담화에서 가장 감동적이었던 대목은 다음이다. "그것은 그저 통계학 속 추상적 숫자가 아닙니다. 그것은 우리의 아버지와 할아버지, 어머니와 할머니, 그리고 아내와 남편입니다. 그것은 인간들입니다."

확진자 몇 명, 격리자 몇 명, 사망률 몇 퍼센트 등 보도를 통해 쏟아져 나오는 통계상의 추상적 수치가 실은 내 주변 '사람'이라는 사실을 잊지 말라는 메시지다. 이런 연설은 국민에게 안정과 신뢰를 주고, 국민의 협조와 사회적 연대를 끌어내 사회를 하나로 통합한다. 독일 보수가 괜히 장기 집권하는 게 아니다. 한국 보수는 독일 보수당의 성공에서 배울 필요가 있다. 김종인 비상대책위원장이 독일 '아데나워재단'과 교류 협력을 모색했던 것도 아마 이와 관련 있을 것이다.

● 민주적인 아버지상, 좋은 아버지의 조건

한국 보수는 가족을 보호하고 가정을 부양하는 아버지의 이미지를 잃은 지 오래다. 과거 그 아버지는 '박정희'로 표상됐다. 박정희가 북한 위협으로부터 나라를 지키고, 산업화로 나라를 먹여 살렸기 때문이다. 보수가 박정희에 집착하는 것은 이 때문이고, 보수 일각에서 이승만을 '건국의 아버지'로 세우려 하는 것도 이와 관련 있다. 보수의 존속을 위해 '아버지상'이 필요하다고 느끼는 것이다. 문제는 이 두 아버지가 집에서 주먹('독재')을 휘두르는 폭군이었다는 데 있다.

대략 1987년 이후 보수는 새로운 아버지상을 구축해야 했다. 하지만 보수는 그런 노력을 하기보다 '박정희 신드롬'의 형태로 낡은 아버지상을 리바이벌하는 데 그쳤다. 외환위기 사태로 이른바 '고

개 숙인 아버지' 현상이 나타난 시절, 비록 폭군이었으나 집안은 먹여 살렸던 과거 아버지를 다시 불러낸 것이다. 문제는 그 아버지가 환생해도 이제는 집안을 먹여 살릴 수 없다는 데 있다. 이명박 정권의 실패가 보여주듯이 그런 시대는 오래전 지났기 때문이다.

그사이 보수 이미지는 돈도 못 벌어오는 주제에 툭하면 호적에서 파내겠다고 행패 부리는 할아버지로 변했다. 아직도 자기들이 사회의 오버도그라고 믿는지, 한국 보수는 여전히 타인을 종북좌파로 몰아 배제하려 든다. 보수는 이제 이 사회의 언더도그가 됐다는 사실을 명심해야 한다. 이제 빨갱이 낙인을 무서워하는 사람은 없다. 누군가가 나를 '빨갱이'라 부르면 나는 "알아줘 고맙다"고 대답한다. 지금은 외려 '토착왜구'가 사냥당하는 시절이다.

안타까운 것은 민주당도 과거 보수의 길을 걷고 있다는 점이다. 생각이 다르면 비(非)국민으로 만들어 국가공동체에서 배제하려 한다. 차이를 품어 통합하기보다 차이를 섬멸해 사회를 등질화하려 한다. 이 행태에 진보 지식인들이 등을 돌리고 있다. 이런 배타성으로는 장기적으로 중도층의 지지를 얻을 수 없다. 민주당에서 떨어져 나오는 사람들을 보수가 품어야 한다. 자고로 싸움에서 적은 적을수록 유리하다. 애먼 사람을 적으로 돌릴 게 아니라 적까지 친구로 만들 수 있어야 한다.

보수에게 필요한 것은 '민주적인 아버지상'이다. 중요한 점은 그

진중권 보수를 말하다

아버지가 디지털시대에도 나라를 먹여 살릴 능력이 있음을 입증하는 것이다. 새로운 아버지는 과거 아버지와 달라야 한다. 이견자를 밖으로 내칠 게 아니라 안으로 품어야 한다. 노조를 적대시하기보다 아군으로 만들고, 외국인 노동자를 배척하기보다 우리 사회 일원으로 만들어야 한다. 좋은 아버지는 말 안 듣는 자식마저 품고, 배다른 자식이라고 밖으로 내치지 않는다.

공화주의와
자유주의를 말하라

● 보수주의 논쟁

2020년 6월 보수의 정체성을 둘러싸고 논쟁이 붙었다. 좋은 일이다. 대한민국 보수가 처음으로 '나는 누구인가'를 묻기 시작한 것이다. 발단은 김종인 비상대책위원장의 발언이었다. "앞으로 보수라는 말을 사용하지 마라"고 주문하자, 당에서 반발이 터져나왔다. 원희룡 제주도지사는 "보수의 이름은 결코 포기할 수 없는 우리의 유전자"라고 말했다. 국민의힘 박진 의원과 장제원 의원 역시 "보수의 가치를 지키는 것이 중요하다"고 강조했다. 그의 말을 보수라는 정체성의 포기로 받아들인 모양이다.

그 후 여러 사람이 각자 생각하는 보수의 정의를 제시하고 나섰다. 그중에서 가장 퇴행적인 정의는 홍준표 의원에게서 나왔다. "압축 성장기에 있었던 보수 우파진영의 과(過)만 들춰내는 것이 역사가 아니듯 보수 우파의 공(功)도 제대로 평가받아야 한다." 이어서 그는 "좌파 2중대 흉내 내기를 개혁으로 포장해서는 좌파 정당의 위성 정당이 될 뿐"이라고 주장했다. 그가 말하는 보수의 정체성은 결국 '고도성장에 대한 회고'와 '좌파 딱지 붙이기' 두 요소로 이뤄진다.

유승민 전 의원의 반응은 더 개혁적이다. 그는 "한국 보수가 망한다는 것은 무능하고 깨끗하지 못한 진보 세력에 나라 운영의 권한과 책임을 다 넘겨주는 것"이라며 "개혁 보수 노선은 여전히 유효하다"고 선언했다. 하지만 아직 유효하다는 그 개혁 보수의 노선이 무엇인지는 분명하지 않다. 보수가 개혁해야 한다는 당연한 얘기일 뿐, 앞으로 보수가 어떻게 달라져야 하는지 구체적인 청사진을 제시하지 못했다.

진전된 의견은 원희룡 지사에게서 나왔다. "대한민국 역사 속에서 담대한 변화를 주도했던 보수의 역동성이 대한민국 현대사의 핵심 동력이고 우리의 정체성이라고 생각한다." 주목할 것은 그가 보수의 특성으로 '변화'와 '역동성'을 들었다는 점이다.

실제로 보수가 이 사회 주류였을 때, 그들은 변화에 열려 있었고 역동성을 갖고 있었다. 원희룡 지사는 현재의 관점에서 봐도 여전히 의미가 있는 보수의 역사적 성과를 토대로 보수의 서사를 고쳐 쓰려는 시도를 보여준다.

문제는 다음이다. 그는 이렇게 말한다. "'용병'에 의한 승리가 아니라 바로 우리에 의한 승리, 대한민국의 역사적 담대한 변화를 주도해왔던 바로 그 보수의 위풍(威風)이 승리해야 된다고 생각한다." 여기서 '용병'은 김종인 비상대책위원장을 가리키는 것으로 보인다. 김 위원장이 "당내에 대권 주자가 없다"고 선언하자, 자신을 잠룡이라 믿어온 이들이 반발하고 나선 것이다. 보수가 정체성에 대한 고민을 시작한 것은 좋은 일이나, 그 논쟁이 당내 주도권 싸움으로 흐른 것은 다소 유감스럽다.

◉ 보수란 무엇인가

굳이 '보수'라는 말에 집착할 필요는 없다. 어차피 다른 나라에서는 '보수'니 '진보'니 하는 말을 정치학 교과서 외에는 거의 사용하지 않는다. 독일에서는 기민당이나 사민당, 미국에서는 공화당이나 민주당 등 당명을 쓰지, '보수'나 '진보'라는 말을 현실 정치 맥락에서 쓰는 예는 거의 없다. 보수적 정책과 진보적 정책 사이의 구별도 점점 흐려지고 있다. 요즘은 보수당에서도 녹색당의 생태주의 담론을 포용하고, 진보당에서도 필요에 따라 시장주의 정책을 갖다 쓰기도 한다.

그렇다고 보수 이념이 필요 없다는 얘기는 아니다. 한 사람의 정치적 성향이 정책에 대한 견해로만 이뤄지는 것은 아니기 때문이다. 정당 지지자들은 한 개인보다 그 당이 상징하는 가치, 즉 도덕이나 이념을 보고 지지하는 경우가 많다. 문제는 그 보수의 도덕이나 이념이 이미 낡았다는 점이다. 그간 '반공' 하나로 쉽게 집권하다 보니 보수의 가치관을 업데이트하지 못한 것이다. 그동안 보수는 제 정체성을 주로 반북, 반공 등 부정적으로 규정해왔다.

보수에도 명예 코드가 필요하다. 즉 자신이 보수임을 자랑스럽게 여기게 해줄 '모럴 코덱스(moral codex)'가 있어야 한다. 서구의 보수는 국가를 위한 희생, 공동체를 위한 헌신, 가족의 가치, 전통문화 계승 등을 자신들의 명예 코드로 여겨왔다. 영국 군인 묘지에는 'Sir'이라는 글자가 새겨져 있다고 한다. 귀족이 조국을 위해 누구보다 희생적으로 싸웠다는 얘기다. 서구의 보수는 이른바 '노블레스 오블리주'를 의무로 인식해왔다. 스스로 부과한 이 사회적 의무가 보수의 자존심을 이뤄왔다.

한국의 보수는 어땠는가? 입으로는 안보를 떠들면서 몸으로는 병역을 기피했다. 사회적 약자를 돌보는 일은 아예 머리에 들어 있지 않았다. 가족의 가치는커녕 '대구의 밤 문화'나 자랑해왔다. 독일의 좌파 화가 케테 콜비츠를 끝까지 돌본 것은 어느 보수 인사였다. 좌파들이 제 자식 특권이나 지켜주는 동안 산업재해로 사망한 노동자들을 위해 목소리를 낸 것은 자칭 '우익'인 소설가 김훈이다. 이런 우익은 나 같은 좌익을 부끄럽게 만든다. 보수의 모럴 코덱스는 본래 이런 것이다.

◉ '공정', '정의', '공공선'…공화주의적 가치 찾기

대한민국은 민주공화국이다. 공화국은 원래 '공적 업무(res publica)'라는 뜻이다. 결국 공화국은 무엇보다 공공선을 위한 국가라는 뜻이다. 모든 결정에서 공공선을 세우는 것은 대통령의 헌법적 책무다. 그런데 지금 이 나라에서는 그것이 무너지고 있다. 조국 사태, 윤미향 사태, 한명숙을 둘러싸고 벌어진 일은 이 정부가 공공선보다 패거리 이익에 더 관심이 많음을 보여준다. 이러면 공화국은 한갓 '사적 업무(res privata)'를 돌보는 조직으로 전락하게 된다.

민주주의와 공화주의는 서로 보족적 관계에 있다. 공화주의가 무너지면 당연히 민주주의도 위험해진다. 민주국가에는 의회의 국정조사, 감사원의 감사, 언론의 비판, 검찰의 수사, 법원의 판단 등 정부를 견제하는 여러 장치가 있다. 권력을 쥔 자들이 공권력을 사익을 추구하는 데 쓸 경우, 먼저 이들 기관부터 무력화시키기 마련이다. 지금 우리 눈앞에서 벌어지는 것이 바로 그 일이다. 민주주의를 다수결로만 이해하는 이들이 다수의 힘으로 이 공공선을 무너뜨리고 있다.

다음 선거에서 권력을 누가 쥐든지 그는 '공정'과 '정의', '공공선'의 공화주의적 가치를 되살리는 과제를 갖게 될 것이다. 그것은 친문(친문재인)의 사조직으로 퇴락한 국가를 다시 공화국으로 되돌리는 것을 의미한다. '불법만 아니면 모든 것이 용서된다'는 야쿠자의 도덕이 이미 집권당의 공직윤리 기준으로 자리 잡았다. 견제할 세력이 없으니 폭주는 계속될 것이고, 공정과 정의는 계속 무너져 내릴 것이다. 보수는 민주당이 내다 버린 이 공정과 정의를 어젠다로 취해 프레임으로 활용해야 한다.

공화주의는 원래 보수의 이념이다. 제3공화국 시절 보수당은 '공화당'으로 불렸다. 하지만 독재정권을 연상케 한다고 생각해서 그랬는지, 그동안 보수는 '공화주의'를 외면해왔다. 박정희 전 대통령이 국민연금과 국민건강보험을 도입했다는 사실을 망각했고, 보수 이념은 '신자유주의+권위주의'로 좁혀졌다. 그 결과 유권자들 머릿속에 보수당은 오직 '기업과 가진 자들을 위한 정당'이라는 인식이 각인돼버렸다.

◉ 무너지는 자유주의, 진짜 자유주의란

　보수에서 되살려내야 할 또 다른 가치는 '자유주의'다. 2020년 초 교과서에 '자유민주주의'에서 '자유'를 빼고 그냥 '민주주의'로 표기한다고 해 보수진영에서 크게 반발한 적이 있다. 쓸데없는 논쟁이다. 이제까지 보수가 고집해온 '자유'는 자유주의적 가치와는 별로 관계가 없기 때문이다. 그들에게 이 말은 '반공' 혹은 '규제 완화'와 동의어였을 뿐이다. 한국 보수는 그동안 국가보안법, 사형제 등 시민의 자유주의적 권리와 관련한 문제에서 일관되게 반(反)자유주의적 입장을 취해왔다. 이 부분, 반성이 필요하다.

　'자유민주주의'라는 말에서 '자유'라는 단어를 빼는 게 중요한 것이 아니다. 근래 민주당은 자유주 없는 민주주의를 실천하고 있다. 대자보를 붙인 청년이 처벌받고, 기자가 길에서 테러당하고, 사실을 보도했다고 방송이 제재받고, 유시민 노무현재단 이사장을 비판한 직원이 해고당하고, 소설가 조정래를 비판했다고 원고가 잘리고, 윤건영 전 청와대 국정기획상황실장의 의혹을 폭로한 기자가 사표를 냈다. 대통령을 '문재인 씨'라 불렀다가 개그맨이 곤경에 처하고, 그의 부인을 '김정숙 씨'라 썼다가 신문사가 곤욕을 치렀다.

　21세기에 자유주의적 권리 침해가 버젓이 일어나는 것은 민주당의 주류인 586세대가 운동권 시절 배운 '민중민주주의'의 흔적 때문으로 보인다. 민중민주주의는 개인과 소수의 자유를 고려하지 않는다. 민주당의 586세대는 민주주의를 오직 '다수결'로만 이해하는 듯하다. 그들은 다수결이 자칫 다수의 폭력으로 흐르지 않게 하는 자유주의적 장치에는 아무런 관심이 없다. 최근 그들의 민주주의는 모든 일을 다수의 힘으로 밀어붙이는 대중독재의 경향을 드러내고 있다.

그 다수결 민주주의가 지금 공화주의와 자유주의를 위협한다. 특히 사회 중도층은 이 현상을 매우 우려하고 있다. 그들은 공공선의 기준이 무너지고, 개개인의 자유가 위협받는 상황을 그저 보고 있어야 한다는 사실에 좌절하고 있다. 민주당에 배신당한 이들은 누군가 저들의 폭주에 제동을 걸어주기를 원한다. 그 역할을 보수가 해야 한다. 보수가 공화주의와 자유주의 가치를 다시 세워 대중독재로 흐를 조짐을 드러내는 집권당의 다수결 민주주의를 견제하기를 바란다.

3 장

보수를 어떻게
리모델링할 것인가

보수의 태도는 이름이다

보수의 DNA를 교체하라

시장에도 공정이 필요하다

윤희숙 의원의 연설이 통한 이유

보수의 대북정책은 무엇인가

보수의 태도는
이름이다

○ 보수의 가치 논쟁

최근 국민의힘은 당의 DNA를 바꾸는 일에 매진하고 있다. 직접적인 계기는 2020년 4·15 총선의 참패였다. 코로나19 사태의 영향도 있지만, 참패의 근본적 원인은 당이 탄핵의 수렁에서 헤어나지 못한 데 있다. 참패 후 당은 부랴부랴 체질을 바꾸는 일에 나섰다. 그 덕에 지지율이 잠깐 여당을 앞서기도 했다. 하지만 보수진영에서 개최한 8·15 광화문 집회가 바이러스 확산의 기폭제가 되면서 오르던 지지율은 다시 큰 폭으로 떨어졌다. 그 후 보수진영 안에서도 이제 '아스팔트 우익'으로 불리는 극우세력과 단호히 결별해야 한다는 인식이 널리 받아들여지기 시작한다.

이러한 인식은 보수진영에서 거의 보편적 합의가 돼가고 있다. 변화는 2020년 10월 3일로 예정된 아스팔트 우익의 집회를 만류하는 당의 목소리로 나타났다. 하지만 아스팔트 우익과 결별이 말처럼 쉬운 것은 아니다. 국민의힘 김종인 비상대책위원장은 이들을 만류하려고 개천절 집회를 3·1운동에 비유했다 구설에 올랐다. 〈한겨레〉에서 그의 발언을 비판하고 나섰다. 아스팔트 우익과 같이 갈 수도, 그렇다고 버릴 수도 없는 보수진영의 큰 딜레마라고 할 수 있다.

보수언론의 엇갈리는 논조에서도 이 딜레마가 엿보인다. 〈동아일보〉와 〈중앙일보〉는 보수의 중도 확장 전략에 전반적으로 우호적이다. 〈동아일보〉는 사설에서 '당명 변경을 계기로 보수야당은 극단세력과의 결별, 구태와의 단절을 통해 완전히 새로 태어나겠다는 각오로 변화해야 한다'고 주문했다. 〈중앙일보〉 역시 '중요한 것은 보수가 환골탈태하는 모습을 보여주는 것'이라며 '이름만 바꾸고 겉만 변하는 게 아니라 뼛속까지 국민만 생각하는 보수로 다시 태어나야 한다'고 지적했다.

반면 〈조선일보〉의 경우 외부와 내부 필진의 논조가 서로 엇갈렸다. 신문사 내부 필진은 노선 전환에 부정적이다. 최보식 선임기자는 손익계산에서 불리하다고 태극기부대를 손절매하는 우파 정

진중권 보수를 말하다

당의 비겁함을 비판한다. 우파 정당의 위기는 '끝까지 싸워서라도 지켜야 할 가치를 잃어버린 데 있다'는 것이다. '헌법 정신이나 자유민주주의 체제, 대한민국 정체성과 관련된 쟁점 사안을 놓고 결코 밀려서는 안 된다는 패기가 없다. 공부가 안 돼 있거나 보수 가치에 자부심이 없기 때문일 것이다.' 광화문 집회 이후 국민의힘 지지율이 하락한 이유도 따로 있단다. '이런 얍삽한 모습이 보기 싫어 등 돌린 숫자도 꽤 많을 것이다.'

<조선일보>의 얼굴인 김대중 전 고문은 반대를 전략적 차원까지 끌어올린다. '보수가 좌클릭한다고 해서 좌파를 이길 수 없다. 좌파 정치나 진보 정책은 좌파가 더 잘 알고 더 잘하기 때문에 보수가 몇 가지 비슷하게 흉내 낸다고 해서 좌파를 이길 수 없다. 오히려 좌파를 이념적으로 도와줄 뿐이다.' 그렇다면 보수는 위기를 어떻게 헤쳐 나가야 하는가? '국민적 선택과 시대적 흐름이 좌 성향일 때가 있고 그 흐름이 보수·우파로 이동할 때가 있다. 그것이 세계 정치 순환의 역사이고 인류사의 흐름이다.' 즉 시대적 흐름이 바뀔 때까지 마냥 기다리자는 것이다.

● 극우에서 공동체주의 보수로

이들의 주장에도 일리가 없는 것은 아니다. 조지 레이코프는 보수나 진보는 있어도 중도라는 이념은 없다고 지적한다. 이른바 중도층으로 불리는 이들은 사안에 따라 때로는 진보적 정책에, 또 때로는 보수적 정책에 표를 던지는 '스윙보터'일 뿐, 이들이 보수나 진보와 구별되는 별도의 이념을 가진 집단은 아니라는 것이다. 그런데 미국의 진보는 그동안 중도층을 잡겠다고 정책에서 우클릭했다 집토끼마저 잃는 우를 범해왔다. 위기일수록 진보는 되려 진보의 색채를 더 선명하게 발산해야 중도층을 제 편으로 끌어들일 수 있다는 것을 알 수 있다.

문제는 그동안 보수가 그 가치와 이념을 버리기는커녕 과도하게 내세워왔다는 것이다. 보수는 민주당의 모든 정책에 좌파 딱지를 붙이고 오직 체제나 정체성과 관련된 쟁점 사안에만 집착해왔다. 그 결정체가 아스팔트 위 태극기부대다. 그런데도 참패를 거듭한다면 애초에 진단이 잘못된 것이다. 진단이 잘못되면 처방도 잘못될 수밖에 없다. 오류가 있으면 찾아 수정해야 하는데, 잘못한 것이 하나도 없으니 그 모두를 세계 정치의 순환과 인류사의 흐름으로 돌리고 마냥 시대적 흐름이 바뀌기를 기다리자는 얘기밖에 못 하는 것이다.

줄곧 보수의 가치를 고수했는데도 패배를 거듭했다면, 그동안 보수가 정체성으로 알고 있던 그 가치가 진정한 보수의 가치가 아니다. 대한민국 보수 중 태극기부대가 자기들을 대표한다고 보는 이가 얼마나 될까? 아스팔트 위의 과격한 구호가 보수의 '이념'이며, 대형 집회로 바이러스나 확산시키는 무책임한 행태가 보수의 '가치'일 리 없다. 그동안 보수는 민주당과 선명한 대립 구도를 만들어내기 위해 중도층이 받아들일 만한 정책에까지 무분별하게 좌파 딱지를 붙여왔다. 그러다 극우로 치우쳐 그 편협한 기준을 보수의 가치와 이념으로 착각하게 된 것이다.

극우와 선을 긋는다고 보수의 정체성이 무너지는 것은 아니다. 그와는 다른 유형의 보수도 얼마든지 존재하기 때문이다. 2020년 9월 홍정욱 전 의원이 한 언론과 인터뷰에서 그 '다른 유형'의 보수가 어떤 건지 밝힌 바 있다. "보수정당도 사회적 약자에 대한 배려, 기본소득제 같은 미래에 대한 준비, 또 기후변화, 환경문제, 한반도 평화체제 이런 건 반드시 가져가야 한다. 그런 부분을 등한시한 채 전통적인 보수와 진보의 이념 가치를 고수하는 정당은 깨어 있지 못한 정당이고 국민의 선택을 받을 수 없다고 생각한다." 이른바 '공동체주의 보수'라 부를 만한 입장이다.

● 태도로서 보수

개혁에 반대하는 사람들은 종종 보수의 정체성을 특정 정책과 혼동한다. 이런 착각이 보수의 유연성과 창의성을 제약한 나머지 보수가 중도층에 소구력을 잃은 것이다. 현대 정치에서 진보냐 보수냐의 구별은 별 의미가 없다. 진보도 전통적으로 보수적이라 여겨지는 정책을 취할 수 있고, 보수도 전통적으로 진보적이라 여겨지는 정책을 취할 수 있다. 김영삼 전 대통령도 하나회 척결, 금융실명제 도입, 역사 바로 세우기를 하고, 노무현 전 대통령도 한미 FTA를 추진하고 이라크에 파병까지 하지 않았던가. 유럽 보수정당들도 지금은 녹색당의 브랜드인 생태주의를 수용하고 있다.

영국 보수당의 당수였던 퀸틴 호그는 1959년 보수를 하나의 '태도'로 규정한 바 있다. 보수란 '인간 본성의 심원하고 영원한 요구에 따라 행동하는 태도'라는 것이다. 어느 나라에서나 보수층은 저학력·저소득층에 많다. 이들이 외려 초고학력·초고소득층을 대변하는 정치 세력을 지지하는, 이른바 '계급 배반' 투표를 하곤 한다. 그렇다고 이들 보수층이 1% 초엘리트층의 선전에 속아서 그들에게 표를 주는가? 그렇지 않다. 그들은 자신의 사회적 위치에 따른 경제적 유불리가 아니라, 그 나름 자기가 상대보다 옳다는 윤리적·도덕적 확신에서 보수당을 지지하는 것이다. 보수가 위기에 처했다는 것은 그 윤리적·도덕적 확신이 약화한 것을 의미한다.

전장의 병사는 적보다 자신이 더 옳다는 확신이 있어야 제대로 싸운다. 떨어진 보수의 사기를 올리려면 한때 보수당에 표를 던지게 해줬던 그 도덕적 우월감을 회복해야 한다. 일반적으로 태도로서 보수는 국가에 대한 충성, 가족에 대한 헌신, 공동체를 위한 봉사, 전통과 관습에 대한 존중 등을 의미한다. 이런 가치들을 지키는 데는 '경직된' 태도를 갖되 정책에 관해서는 그때그때 시대정신에 맞추어 '유연한' 태도를 가질 필요가 있다. 그동안 보수는 이를 거꾸로 해왔다.

● 보수의 품격

좋은 조짐도 보인다. 2020년 9월 한 여당 의원이 "야당엔 군대 안 갔다 온 분이 많다"고 말했다. 그런데 확인해보니 병역 면제 의원은 민주당(34명)이 국민의힘(12명)보다 훨씬 많았다. 병역을 면제받은 의원 2세 15명 중 무려 14명이 민주당 의원 자제들이었다. 신이 난 국민의힘 의원들은 단체 카카오톡(단톡)방에 자신과 자식의 군 복무 사진을 올려 콘테스트를 벌였다. 이 문제에서는 보수야당이 도덕적 우위에 선 셈이다. '국가에 대한 충성'을 입증하는 데 기본이 되는 것이 바로 병역의무다. 본인과 자식의 병역의무 이행이 공직의 전제조건이라는 인식이 이제 보수의 상식이 돼야 한다.

보수라면 무엇보다 가정에 충실해야 한다. 과거 보수당의 별명은 '성누리당'이었다. 하지만 최근 성추행 사건은 대부분 민주당 측에서 일으키고 있다. 보수라면 남의 집 귀한 딸에게 그런 짓 하는 것을 누구보다 혐오해야 한다. 공동체를 위한 헌신은 보수야당에 아예 없는 것처럼 보인다. 정당한 방법으로 획득한 부는 존중받아야 한다. 하지만 그 당에는 부동산 부자가 너무 많다. 보수라면 정당하게 획득한 부마저 공동체와 나눌 줄 알아야 한다. 수억, 수십억 원의 불로소득을 거두고서 '세금폭탄' 운운하며 조세저항이나 하는 것은 보수의 품격에 어울리지 않는다.

보수는 '태도'의 이름이다. 가치에 관해서는 '고루하다'는 소리를 들을 정도로 원칙을 고수하는 태도. 그러나 정책에 관해서는 인간 본성의 영원한 요구를 그때그때 시대적 정신과 사회적 과제에 맞춰 유연하게 적용하는 태도. 하지만 이제까지 보수는 정책에서는 경직되고, 가치에서는 자신에게 한없이 너그럽기만 했다. 이를 뒤집어야 한다. 그래야 보수가 산다.

보수의 DNA를
교체하라

● 보수의 급진적 개혁

2020년 8월 국민의힘(당시 미래통합당)이 새로운 정강정책을 발표했다. 첫 구절이 인상적이다. '국가는 국민 개인이 기본소득을 통해 안정적이고 자유로운 삶을 영위하도록 적극적으로 뒷받침하여 4차 산업혁명 시대를 대비한다.'

진보에서 제기한 의제를 선점했다. 사실 국민의힘이 말하는 '기본소득'은 아직은 먼 얘기다. 자동화에 따른 일자리 소멸로 생산이 늘어나도 소비가 안 되는 상황이 오면 국가가 기본소득으로 수요를 창출해야 한다는 원론적인 얘기일 뿐이다. 그런데도 한국 보수가 자유지상주의 관념에서 벗어나 이념적 유연성을 보여줬다는 점에선 평가할 만하다.

김종인 비상대책위원장이 국민의힘에서 뇌 역할을 톡톡히 하는 셈이다. 그 뇌를 당의 외부로부터 모셔 와야 했다는 것은 보수 진영에 제대로 된 이데올로그가 없음을 의미한다. 보수가 이 사회의 주류였을 때 그들은 표를 얻기 위해 차별과 배제라는 다수자 전략을 활용했다. 빨갱이에 대한 '공포'와 호남에 대한 '혐오' 등 감정적 선동으로 지지를 얻어내는 데 별 어려움이 없다 보니, 굳이 당에 비전을 제시할 전문적인 이데올로그가 필요치 않았다. 그러다 민주화 진전으로 이념과 사상의 자유시장이 열리자 변화한 상황에 적응 못 하고 그만 정치적 경쟁력을 잃어버린 것이다.

한국 보수의 이념은 크게 '반공주의+자유지상주의+권위주의'로 이뤄진 듯 보인다. 이 중 '반공주의'는 자본주의체제의 승리로 의미가 없어졌다. 공산주의의 죽음이 역설적으로 반공주의를 죽인 셈이다. '권위주의'는 수평적 소통에 친화적인 디지털 시대에 어울리지 않는다. 결국 남은 것은 '자유지상주의'뿐이나, 세계적인 신자유주의 물결도 퇴조기에 접어든 지 오래다. 특히 코로나19 사태 이후 전 세계 정부는 경제위기 극복을 위해 재정 지출을 확대하고 있다. 긴급재난지원금도 과거라면 보수로부터 '퍼주기'라는 비난을 받았을 테지만, 이번에는 별 저항 없이 받아들여졌다.

진중권 보수를 말하다

국민의힘 정강정책에는 '경제민주화'가 포함돼 있다. 시장에서 공정한 경쟁이 이뤄지도록 정부가 개입할 필요성을 명문화한 셈이다. 자유지상주의는 시장이 보이지 않는 손에 의해 조절된다는 믿음 위에 서 있다. 하지만 폴 크루그먼의 말대로 시장의 손이 보이지 않는 것은 애초에 존재하지 않기 때문이다. 새 정강정책에는 '노동 존중 사회', '노동시장 이중구조 개선', '청년고용 증대를 위한 노동시장 개혁' 같은 방침도 들어 있다. 이는 재벌기업이나 대한민국 상위 1%만을 위해 노동자를 무시하고 적대시해온 과거 모습에서 벗어나려는 시도로 볼 수 있다.

국회의원 4연임을 금지하고, 지방의회에서 청년 공천을 의무화하며, 주요 선거의 피선거권 연령을 18세로 낮추고, 장관급 국무위원의 남녀 비율을 동수로 하는 등의 방안도 있다. 이른바 '꼰대 정치', 즉 연령이나 성차에 따른 위계를 중시하는 권위주의에서 벗어나려는 시도로 평가할 만하다. 새 정강정책에는 그 밖에 친환경사회 구현, 초고령사회 진입에 대비한 계속고용제도 확립 등 미래사회 비전도 명시돼 있다. 이제야 보수가 시대 흐름에 합류하게 된 것이다. 문구로만 본다면 국민의힘의 변신은 정의당 혁신안이 무색할 정도로 꽤 급진적이다.

◎ 관념이 아닌 물질의 저항

문제는 이 개혁이 당에서 자생적으로 시작된 게 아니라, 당 밖에서 안으로 인위적으로 이식됐다는 데 있다. 당연히 뿌리가 취약할 수밖에 없다. 예를 들어 2012년 대선에서 새누리당은 '경제민주화'를 슬로건으로 내걸었지만, 집권 후 바로 그 공약을 폐기해버렸다. 이번이라고 그렇게 되지 말라는 법이 없다. 설사 개혁의 진정성을 인정하더라도 그것이 과연 실현될 수 있을지 의구심이 드는 것도 사실이다. 새 정강정책은 아직 추상적 강령 수준에 머물고 있다. 국민이 개혁 의지를 실감할 수 있도록 구체적 입법들로 실현하는 것이 시급하다.

그런데도 국민의힘과 그 지지자들은 개혁안의 실천적 함의를 실감하지 못하는 것 같다. 어떤 이들은 아예 개혁안이 무엇을 의미하는지조차 모르고 있다. 다른 이들은 뭔가 이상하다고 생각하지만, 일단 당 지지율이 올라가고 있으니 당분간 지켜보겠다는 태세다. 또 다른 이들은 개혁안이 당에 환골탈태 수준의 변화를 요구한다는 것을 알지만, 2012년 경제민주화 공약처럼 어차피 선거를 치른 다음에는 폐기해도 좋은 포장지 정도로 여기고 있는 것으로 보인다. 정강정책을 새로 채택했다고 해서 갑자기 당의 DNA가 변하는 것은 아니다. 이렇게 바위처럼 단단한 땅에 새 정강정책이 뿌리 내리는 일은 쉽지 않다. 예상되는 저항은 관념적이 아닌 물질

진중권 보수를 말하다

적 성격의 것이다. 당장 경제민주화만 해도 보수의 물적 토대나 다름없는 대기업들이 반기는 정책은 아니다. 기업 광고로 운영되는 언론사들도 그들의 입김에서 벗어나지 못하고 있다. 기업의 이해를 대변해온 의원들 역시 국가가 시장에 조건을 설정하는 행위 자체를 '사회주의'라 부르는 데 익숙하다. 몇몇 의원은 정부의 부동산 정책에 '공산주의 정책'(주호영 원내대표), '레닌 전략'(이언주 전 의원)이라는 딱지를 붙였다.

현재 국민의힘 의원은 지난 황교안 체제에서 공천받은 이들이다. 그나마 민심에 민감한 수도권 의원들이 이번 총선에서 전멸했으니 당 성격은 과거보다 더 보수적으로 변했을 것이다. 그렇다면 당 바깥에서라도 개혁을 지지해줘야 하는데 그것도 쉽지 않다. 민주당 지지자들은 어차피 국민의힘이 변화하는 것을 원하지 않는다. 국민의힘 지지층은 당이 기능을 잃은 사이 유튜브로 정치 의식을 형성하며 극우적 성향으로 변해가고 있다. 이들은 "보수의 씨를 말리려 한다"며 김종인 체제에 노골적으로 반감을 드러내고 있다.

● 중도로 외연 확장

'개혁'이라는 게 달랑 문서에 적힌 정강정책을 의미하는 것은 아니다. 이는 무엇보다 보수정치의 체질 자체를 바꾸는 문제다. 그러려면 의원, 당원, 지지자는 물론이고, 외부 환경인 기업과 언론의 인식도 바꾸어야 한다. 이 오래된 별자리를 바꾸지 않는 한 진정한 의미의 개혁은 불가능하고 중도층을 끌어들일 수도 없을 것이다. 김종인 위원장을 중심으로 한 국민의힘 비상대책위원회는 한시적인 지도체제로, 남아 있는 활동 기간이 길지 않다. 그 짧은 기간 안에 새로운 정강정책을 당 깊숙이 심지 못하면 언제라도 과거로 회귀할 수 있는 상태에 놓인 게 국민의힘의 현실이다.

다행히 보수층에서도 '우리도 변해야 한다'는 인식을 가진 사람이 늘어나고 있다. 이들 합리적 보수가 보수의 공론장을 회복해 보수진영의 여론을 주도하도록 해줘야 한다. 특히 중요한 것이 엘리트층을 설득하는 일이다. 한국 보수에 모럴 코드(moral code)가 없는 이유는 보수 엘리트층의 천민자본주의 의식 때문이다. 조지 부시 전 미국 대통령이 상속세를 폐지하려 했을 때 미국의 저명한 갑부들은 상속세 폐지 반대 청원에 나섰다. 왜? 그래야 자본주의체제가 유지된다고 생각했기 때문이다. 이것이 진정한 보수다. 보수가 종합부동산세 몇 푼에 '세금폭탄' 운운하며 조세저항에 나서는 천박함을 의미해서는 안 된다.

조국 사태가 보여줬듯이 심지어 진보마저 그 천박함에서 벗어나지 못하고 있다. 하지만 자본주의가 적나라한 물질적 욕망만으

진중권 보수를 말하다

로 유지되는 것은 아니다. 시장경제에도 '에토스(ethos)'는 필요하다. 한국 보수는 모든 것을 시장에 맡기라고 주문하면서 국가의 개입 자체를 '공산주의'로 매도해왔다. 국가와 기업의 역할을 근본적으로 오해한 것이다. 사익을 추구하는 기업과 달리 정부는 공익을 추구하는 조직이다. 국가가 시장에 한계 조건을 설정하는 것은 시장경제를 위해서도 필요한 일이다. 격차는 사회를 불안정하게 하고, 독점은 경쟁을 방해해 시장경제를 위험에 빠뜨리기 때문이다.

중도로 외연을 확장한다는 것은 곧 현재의 '1% 초고소득·초고학력층+다수의 저소득·저학력층' 구조에서 벗어나는 것을 의미할 테다. 못사는 계층이 잘사는 계층을 지지하는 '계급 배반' 투표는 현대 국가에서 꽤 일반적인 현상이다. 이를 설명하는 가설 가운데 하나가 어려운 계층일수록 개혁에 따른 일시적 고통을 견딜 여유가 없어 모든 개혁에 반대하게 된다는 것이다. 대한민국 1%는 민중의 이 강요된 수구성을 기득권 유지에 활용해왔다. 공포와 불안 선동으로 그들을 이른바 '안정 희구 세력'으로 만들기만 하면 되니 따로 보수의 가치를 긍정적으로 정립할 필요조차 없었다.

문제는 대한민국이 그새 고학력사회가 됐다는 점이다. 과거 행태로는 높아진 유권자의 수준을 만족시킬 수 없다. 모처럼 새로운 정강정책을 마련하긴 했지만, 당 체질을 바꾸기까지는 어려움이 따를 것이다. 개혁의 성패는 그 고난을 극복하는 지도력에 달렸다.

태극기부대나 기독교 반공주의자 같은 극우세력이 보수를 대변하게 해서는 안 된다. 아마도 당 입장에서 그들은 현찰이고, 이른바 '합리적 보수'는 지급 보증이 안 된 어음으로 보일 게다. 그렇다고 눈앞의 이익을 좇아 개혁을 포기하면 보수는 영원한 루저로 머물게 될 것이다.

시장에도 공정이
필요하다

⦿ 태극기부대와 통합진보당

"상법과 공정거래법이 전반적으로 개정돼야 한다는 게 내 생각
이다."

2020년 9월 14일 국민의힘 김종인 비상대책위원장이 어느 인
터뷰에서 한 말이다. 그가 정부·여당이 추진하는 법안에 원칙적
인 찬성을 표명하자 재계가 발칵 뒤집혔다. 이튿날 전국경제인연
합회(전경련) 부회장이 김 위원장을 찾아가 이를 막아달라고 읍소
했다고 한다. 당내에서도 반발의 목소리가 나왔다. 김병준 전 비
상대책위원장은 "(정부안에) 함부로 찬성하면 안 된다"며 공개적으

로 반대하고 나섰다. 대놓고 말은 못 해도 이를 '당 정체성' 문제로 여겨 속으로 불만을 품은 의원도 많았을 게다. 개혁에 대한 본격적 저항이 시작된 것이다.

사실 태극기부대의 저항은 큰 문제가 아니다. 보수가 아스팔트 우익과 결별해야 한다는 데는 이제 보수진영 내에서도 거의 보편적인 합의가 존재한다. 8·15 광화문 집회로 이들의 활동이 보수정당에 하나도 유리할 게 없다는 사실이 입증됐기 때문이다. 게다가 국민의힘이 중도 보수로 변신한다고 해서 그들의 표가 민주당으로 갈 것 같지도 않다. 나아가 그들에게 국민의힘을 떠나 독자적으로 정치세력화할 능력이 있는 것도 아니다. 우리공화당이 대선이나 총선에서 거둔 득표 성적을 보면 목소리만 요란하지, 보수 내에서 아스팔트 우익의 지분은 무시해도 좋을 양이다.

진보진영도 과거에 비슷한 문제를 안고 있었다. 진보에서 우익의 아스팔트 부대 역할을 한 것이 이른바 '주사파' 세력이다. 진보의 이 고질병을 치료해준 것이 새누리당이었다. 그들은 정당해산 심판 청구로 통합진보당을 해체해버렸다. 통합진보당과 선거 연대를 해왔다고 비난받던 민주당은 이 반자유주의적 광풍에 저항하지 못한 채 침묵으로 동조했고, 그 결과 진보진영은 주사파와 강제로 결별하게 된다. 이 사태의 역설은 통합진보당의 해산으로 '종북좌파'라는 낙인이 결정적으로 힘을 잃었다는 데 있다.

진중권 보수를 말하다

방식은 달랐지만, 진보에서나 보수에서나 이제 극단적인 세력은 주변화한 셈이다. 문제는 보수정당을 지탱해온 또 다른 기둥인 재계의 경우 아스팔트 우익처럼 간단히 선을 그을 수 있는 세력이 아니라는 것이다. 그들은 막강한 재력을 갖고 있고, 광고로 언론에 영향을 행사해 사실상 보수 이념의 생산기지 역할을 해왔다. 기존 보수의 두 이념 가운데 극우 반공주의가 태극기부대의 정서를 대변한다면, 자유지상주의는 재계의 이해관계를 대변한다고 할 수 있다. 극우 반공주의가 힘을 잃은 상황에서 자유지상주의는 사실상 보수에 남은 유일한 이념인 셈이다.

극우 반공주의는 한갓 '허상'일 뿐이다. 현 정권의 주류인 586세대는 NL 계열 운동권 출신이라 하더라도 종북좌파가 아니다. 태극기부대는 아스팔트 위에서 주사파라는 존재하지 않는 허상을 쫓고 있는 셈이다. 반면 자유지상주의는 허상이 아니다. 대기업 위주의 시장 질서는 한국 경제의 엄연한 현실이다. 게다가 극우 반공주의는 한갓 관념에 불과하나, 자유지상주의는 재계의 이해관계라는 물질적 요구의 표현이다. 전경련 부회장이 김종인 위원장을 찾아간 것은 학설에 이견을 제시하는 이론적 행위가 아니라 재계의 이익을 지키기 위한 물질적 실천이다.

● 국가와 기업의 존재 이유

지금 문제 되는 '상법·공정거래법' 개정안은 실은 새로운 것이 아니다. 2012년 대선 당시 박근혜 캠프에서 내걸었던 경제민주화 공약에 포함돼 있던 내용이기 때문이다. 그해 선거에서 새누리당은 민주당이 던져야 할 의제를 선점함으로써 정권을 재창출했다. 하지만 박근혜 전 대통령은 당선 후 그 공약을 폐기했다. 당시 재계도 이 '좌클릭'에 크게 반발하지 않았는데, 어차피 새누리당이 집권하면 그 공약은 자동폐기될 것이라고 믿었기 때문이리라. 하지만 지금은 민주당 단독으로 법안 처리가 가능한 상황이니 발등에 불이 떨어진 것이다.

어떻게 해야 할까? 이 문제를 올바로 처리하는 방식은 의외로 그동안 줄기차게 김종인 비상대책위원장을 비판해온 장제원 의원이 제시했다.

"말로 이미지만 가지려 하는 것은 '허세'입니다. 실천을 통해 내용을 채워가야 '변화'입니다. 소위 공정경제 3법은 정강정책 개정과 함께 오히려 우리가 먼저 던졌어야 했던 법들입니다. 국민의힘은 경제민주화를 당의 핵심 가치로 내세웠습니다. 그뿐 아니라 이미 박근혜 전 대통령의 대선공약을 통해 '공정위 전속 고발제 폐지', '다중대표소송 제도 단계적 시행', '총수 일가 부당거래 규정 강화' 등 선명한 '경제민주화' 조치를 약속한 바 있습니다."

진중권 보수를 말하다

그의 발언에서 주목해야 할 것은 그다음 대목이다.

"재계에서는 '자회사에 대한 경영 간섭과 소송 남발 등의 부작용을 낳을 것'이라 반발하고 있지만, 군색한 기득권 지키기로 보일 뿐입니다. 왜냐하면 '다중대표소송'을 제기하기 위한 요건이 까다롭게 설계돼 있기 때문입니다. 미국, 일본 등과 달리 '단독주주권'이 아닌 '소주주권'을 도입해 '다중대표소송'을 제기할 권한을 제한하고 있습니다."

그는 재계를 향해 생각을 바꾸라고 설득하고 있다. 경제와 정치, 재계와 정계의 건강한 긴장 관계를 만들어내려 하고 있다.

국가와 기업은 운영 원리가 다르다. 기업과 정부의 목적이 서로 다르기 때문이다. 기업의 목적은 '사익'을, 국가의 목적은 '공익'을 추구하는 데 있다. 재계의 특수이익이 늘 국민 전체의 보편이익과 합치하는 것은 아니다. 기업이 매사를 이윤 관점에서 바라본다면 정부는 시야를 넓혀 시장 전체, 국가 전체의 공공선을 시야에서 놓쳐선 안 된다. 예를 들어 기업들이 요구한다고 환경 규제를 없애서는 안 된다. 경제 생태계도 마찬가지다. 대기업들의 특수이익이 공정한 시장 질서를 해친다면 국가가 나서서 적절히 한계 조건을 설정해야 한다. 그래야 모두가 산다.

⊙ 케인스, 하이에크, 슘페터

극우 반공주의는 중도층으로 하여금 보수에 등을 돌리게 했다. 민주당을 '빨갱이'로 몰아붙이고, 이에 이의를 제기하는 이들을 '용공'으로 낙인찍어 적대시해왔으니 보수가 대중으로부터 고립되는 것은 예정된 수순이었다. 경제 영역에서 극우 반공주의의 역할을 한 것이 바로 '자유지상주의' 관념이다. 시장에 한계 조건을 설정하려는 국가의 시도, 사회 양극화를 해소하려는 국가의 노력을 모두 좌파 정책으로 몰아붙이다 보니, 정권을 잡아도 딱히 할 일이 없게 된 것이다. 그래서 시대의 요구에 답하지 못하고 재벌의 나팔수 노릇을 하다 대중으로부터 고립돼버렸다.

민주당의 경제철학이 시장의 실패를 국가 개입으로 수정하겠다는 '케인스주의'에 가깝다면, 보수정당의 경제철학은 모든 것을 시장 자율에 맡기라는 '하이에크주의'에 가깝다. 보수정당의 브랜드인 줄·푸·세 공약은 바탕에 이 자유지상주의 관념을 깔고 있다. 그런데 현재 국민의힘에서 내세운 경제철학은 '슘페터주의'에 가깝다. 상법·공정거래법으로 국가가 나서서 경제의 대기업 집중을 막고 중소기업들이 혁신을 계속하는 데 필요한 환경을 보장하겠다는 것이다. 결국 국민의힘 안에서 벌어지는 논쟁은 보수정당의 전통적 경제 관념을 전환하면서 나타나는 반발 현상으로 볼 수 있다.

진중권 보수를 말하다

문제는 자유지상주의 관념이 보수층의 '종교'가 되다시피 했다는 데 있다. 보수는 역사적으로 다양한 스탠스를 취해왔다. 즉 시대의 요구에 따라 케인스주의, 슘페터주의, 하이에크주의 정책을 고루 채택했다. 그런데도 보수를 특정 경제철학, 즉 자유지상주의와 동일시한 결과 보수가 정책적 상상력과 유연성을 잃고 스스로 고립돼간 것이다. 오세훈 전 서울시장의 '무상급식 투표'를 생각해보라. 시대정신을 놓친 그는 결국 시장직을 내놔야 했다. 그가 반대했던 무상급식은 지금 전국적으로 시행되고 있지만, 그의 말처럼 나라가 망하는 일은 벌어지지 않았다.

최근 그가 이 문제에 관한 의견을 피력했다. 상법·공정거래법 개정은 "기술적 규제의 찬반 문제라기보다 기업과 시장을 바라보는 철학의 문제"라는 것이다. 여전히 사안을 선택 가능한 '정책'의 문제가 아니라 타협 불가능한 '이념'의 문제로 바라보고 있다. 김종인 비상대책위원장의 입장은 단호해 보인다. "상법·공정거래법은 개정돼야 한다. 다만 그 내용이 어떻게 되느냐는 심의 과정에서 찬성할 부분과 반대할 부분이 있을 것이다." 상대의 주장 중 합리적 핵심은 취하되 과도한 부분은 견제하겠다는 입장이다. 사태에 대한 올바른 대처 방식이다.

핵심은 재계 움직임이다. 전경련, 대한상공회의소, 한국경영자총협회의 이해와 타협이 중요하다. 실은 여기가 주전장이다. 여기서 밀리면 그동안 국민의힘이 추진해온 개혁은 사실상 의미를 잃고 말 것이다. 아무리 반대한들 어차피 민주당이 단독으로 처리하려 하면 막을 길은 없다. 따라서 상법·공정거래법 개정에는 원칙적으로 찬성하되, 개별 조항에 대해서는 재계의 우려를 반영하는 식으로 합리적 대응을 할 필요가 있다. 그래야 보수정당이 과거와 달라졌다는 믿음을 국민에게 줄 수 있을 것이다.

윤희숙 의원의
연설이 통한 이유

● 설득의 힘

한때 국민의힘 윤희숙 의원의 5분 연설이 정치권을 달군 적이 있다. 정치권뿐 아니라 인터넷에서도 반응이 뜨거웠다. 언론에서는 이를 '역대급 연설', '레전드 연설'이라 평했다. 의회에서 소수인 국민의힘이 오랜만에 담론 헤게모니를 쥔 큰 이슈였다. 당시 여당은 바로 견제에 나섰다. 민주당 박범계, 윤준병, 김남국 의원이 차례로 저격수로 나섰지만, 이들의 공격은 외려 "메시지를 반박 못 하니 메신저를 공격한다"는 빈축만 샀다. 윤희숙 의원이 민심을 선점한 이상, 그에 대한 공격이 곧 민심에 대한 공격으로 여겨진 것이다. 이렇게 보수도 빨갱이 소리 하지 않고 얼마든지 대중을 설득할 수 있다.

오늘날 '수사학'이라는 말은 그저 문장에 겉멋을 부리는 말재주 정도로만 여겨진다. 하지만 고대 그리스에서 이 단어는 말로 대중을 설득하는 기술이었다. 당시 그리스는 민주주의 사회로, 군주가 모든 일을 결정하는 전제정과 달리 민주정에서 정치인들은 제 뜻을 관철하기 위해 먼저 대중부터 설득해야 했다. 공적 영역만이 아니다. 당시에는 재판에서 이기려면 소송 당사자가 직접 말로 배심원들을 설득해야 했다. 그래서 수사학은 정치인뿐 아니라 모든 시민의 필수교양이었고, 그러다 보니 소피스트처럼 직업적으로 이 기술을 가르치는 이들도 생겨났다.

플라톤은 이 기술에 적대적이었던 것으로 보인다. 그의 대화편 《고르기아스》에는 수사학의 달인과 소크라테스의 대화가 등장한다. 논객 고르기아스가 자신의 말재주를 뽐낸다. 수술을 거부하는 환자가 있었는데, 의사도 설득하지 못한 이 환자를 자신이 말솜씨로 설득해 수술을 받게 했다는 것이다. 이에 소크라테스는 아무 진리(의학 지식)도 없는 그가 남을 설득했다는 사실 자체가 위험한 것이라고 지적한다.

플라톤에게 수사학은 민주정에 내재한 중우정치, 선동정치의 위험을 상징하는 기술이었다. 대중이 진리 없는 말재주에 설득당한다면 나라가 어떤 꼴이 되겠는가.

아리스토텔레스는 설득의 기술에 대해 스승보다 호의적이었다. 사실 진리 없는 설득이 맹목적이라면 설득 없는 진리는 공허할 뿐이다. 그가 설득의 기술을 다룬 《수사학》을 쓴 것은 그 때문이리라. 그는 사람이 설득당하는 방식을 세 가지로 구분한다. 첫째, 대중은 화자의 인격에 설득당한다. 사람들은 믿을 만한 사람이 하는 말은 믿어주는 경향이 있다. 이를 '에토스(ethos)'라 부른다. 둘째, 대중은 민심을 잘 읽은 화자의 말에 정서적으로 설득당한다. 이를 '파토스(pathos)'라고 한다. 마지막으로 대중은 말 자체의 논리에 설득당한다. 이것이 설득력의 마지막 요소, 즉 '로고스(logos)'다.

근래 민주당의 언설은 이 세 가지가 모두 무너졌다. 사실 문제인 대통령의 에토스는 대부분 그가 '노무현의 친구'라는 데서 나온다. 하지만 그는 노무현 전 대통령과는 정반대 행보를 보임으로써 그 신뢰를 스스로 까먹었다. 진정성이 없으니 파토스는 탁현민 의 전비서관이 인위적으로 연출하는 '뭉클', '울컥'의 신파로 전락했다. 이를 억지로 정당화하다 보니 로고스가 무너진다.

'조만대장경'이 보여주는 조국 전 장관의 내로남불('내가 하면 로맨스, 남이 하면 불륜'이라는 뜻의 신조어), "증거인멸이 아니라 증거보전"이라는 유시민 이사장의 궤변은 이 망가진 로고스의 상징이다. 언설이 망가졌다는 것은 겉으론 위세가 대단해도 민주당이 속으로 썩어간다는 것을 보여주는 징조다.

● 그들은 왜 보수주의자에게 끌렸나

윤희숙 의원의 연설이 반향을 일으킨 이유는 보수의 언설(言說)도 로고스를 가질 수 있다는 것을 보여줬기 때문이다. 그를 저격하고 나선 민주당 박범계 의원도 "일단 의사당에서 조리 있게 말을 하는 건… 그쪽에선 귀한 사례니 평가한다"고 말했다. 그 연설에 '빨갱이'라는 말은 등장하지 않는다. 그저 여당의 졸속입법에 따르는 여러 문제에 대한 논리적 지적만 있을 뿐이다. 원래 그 지적들은 국회 논의 과정에서 나왔어야 할 것이나, 국회가 통법부(通法府)로 전락하는 바람에 국민이 들을 수 없었던 말이다. 경제학자로서 윤 의원이 가진 식견이 중요한 역할을 했을 것이다.

이 연설의 '파토스'는 임차인의 입장을 대변하는 형식을 취한 데서 나온다. "저는 임차인입니다." 임대인의 입장만 대변했다면 그 연설은 반향을 얻지 못했을 것이다. 지금 전세 사는 이들은 부동산3법을 반길 것이나, 그러는 그들도 행여 4년 후 있을지 모르는 전셋값 폭등의 불안에서 벗어나지 못한다. 당장 전셋집을 찾는 이들은 그보다 훨씬 더 불안할 것이다. 소유권 행사를 제한당한 임대인은 그들대로 불만이 많을 테다. 그들도 국민이기에 대변해줄 목소리

진중권 보수를 말하다

를 원한다. 이 때문에 '모두'는 아니더라도 국민 상당수가 그의 연설에 공감한 것이다.

문제는 '에토스'였다. 아니나 다를까. 박범계 의원이 그가 얼마 전까지 2주택자였다고 공격했다. 윤 의원은 지금은 1주택자로, 살던 집을 전세로 내주고 지역구에 전세를 얻었다. 지적이 나오자 윤 의원은 SNS에 올린 연설문에서는 '임차인'이라는 말을 '임차인이자 임대인'으로 바꾸었다. 만약 그가 2주택자였다면 연설 후 비난을 받았을 것이다. 하지만 공직을 맡기 위해 주택을 처분한 것은 사실이므로 발언에 요구되는 최소한의 자격은 갖춘 셈이다. 민주당 안민석 의원은 "잘한 것은 잘했다고 하자"며 윤 의원이 주택을 처분한 것에 대해 '신선한 충격'이라고 평가했다.

그동안 한국 보수의 메시지가 사회에 전혀 먹히지 않은 것은 발언 자격을 갖추지 못했기 때문이다. 이는 보수가 발언력을 가지려면 보수의 가장 큰 덕목인 '노블레스 오블리주'를 실천할 필요가 있다는 것을 보여준다. 현재 국민의힘은 다주택자가 민주당보다 많다. 앞으로 당에서 공천을 주거나 당직을 맡길 때 이 상황을 확실히 정리함으로써 이해충돌의 문제를 원천적으로 해결해야 한다. 국민의힘 의원 중에는 법안 통과로 엄청난 시세차익을 본 사람도 많다. 거주용 주택을 제외한 나머지 주택은 처분하고, 시세차익은 사회에 환원하도록 당에서 강력히 요구해야 한다.

● 뜨거운 분위기에 찬물 세례

국민의힘 주호영 원내대표가 이 뜨거운 분위기에 찬물을 끼얹었었다. 그 전만 해도 그는 5·18 민주항쟁 기념식에 참석해 '임을 위한 행진곡'을 부르고, 세월호 유가족을 만나 진상조사에 협조할 것을 약속한 바 있다. 시민사회와 정서적으로 소통하겠다는 의지를 보여준 것이다. 그런데 불필요한 색깔론 공세로 그 점수를 일거에 까먹었다. 윤희숙 의원이 한 단계 업그레이드한 보수의 언설을 "150년 전 카를 마르크스의 공산주의 사상" 운운함으로써 다시 옛날 수준으로 다운그레이드해버렸다. 그 발언은 당연히 사회로부터 빈축만 사고 말았다. 도대체 뭐가 문제였을까?

먼저 '로고스' 측면에서 보자. 현 정권이 추진하는 정책은 150년 전 '카를 마르크스'나 '공산주의 사상'과는 아무 상관이 없다. 이 정책은 독일이나 프랑스처럼 사회적 시장경제를 추구하는 유럽 국가뿐 아니라, 심지어 돈 내고 돈 먹는 자본주의의 제국 미국에서도 시행하고 있기 때문이다. 과거처럼 안기부, 보안사, 공안검사를 동원해 공포정치를 하던 시대는 오래전에 지났다. 이제는 보수도 사상과 견해의 자유시장에서 경쟁해야 한다. 지금은 미디어 환경도 보수 쪽에 유리하지 않다. 옳은 견해를 갖고도 경쟁하기 힘든 판에 틀린 견해로 경쟁할 수 있겠는가.

이어서 '파토스' 측면을 보자. "부동산을 가진 자에게 고통을 주

진중권 보수를 말하다

겠다는 선동이 국민의 가슴에 증오심을 불러일으키고 있다." 이처럼 그는 부동산을 가진 자를 대변한다. "부동산과 현찰에 무슨 차이가 있나? 수십억 현찰, 주식 가진 도지사, 여당 중진의원들이 부동산 두 채 가진 건 범죄라고 펄펄 뛴다." 현찰·주식과 부동산의 차이를 모르는 가공할 무지는 그냥 넘어가자. 그가 목청 높여 대변하는 것은 다주택자다. 그에게는 임차인의 고통에 대한 인식이 보이지 않는다. 그저 '부동산 두 채 가진 자'의 불만만 있을 뿐이다. 그러니 공감을 얻지 못한 것이다.

마지막으로 '에토스' 측면을 보자. 2014년 통과된 부동산 3법으로 강남 3구(강남구, 서초구, 송파구)의 재건축이 추진됐을 때 그 지역에 아파트를 소유한 의원은 모두 21명, 전원 국민의힘(당시 새누리당) 의원이었다. 주호영 원내대표가 소유한 반포 주공 1단지도 그때 재건축이 추진됐고, 이로 인해 그는 23억 원 시세차익을 얻었다. 그런 이가 "우리 서민들은 열심히 벌어서 내 집 한 채 장만하는 것이 평생의 목표"라고 할 때 '서민'들은 감동은커녕 분노하게 된다. 결국 그의 발언은 '다주택자의 부동산 투기를 비판하는 자들은 공산당'이라는 얘기나 다름없다. 보수가 꼭 집 부자들만의 정당이어야 하나.

사실 보수당의 명연설은 이번이 처음은 아니다. 2015년 유승민 당시 원내대표의 교섭단체 연설은 반대편 사람들의 마음마저 움직였다. 하지만 그는 연설의 대가를 톡톡히 치러야 했다. 그때 보수여당이 합리적 보수의 길을 걸었다면 후에 대통령 탄핵 같은 비극적 사태를 맞지는 않았을 것이다. 지금 국민의힘도 마찬가지 갈림길에 서 있다. 윤희숙 의원의 연설이 새로운 보수 탄생의 희망을 보여줬다면, 주호영 원내대표의 발언은 그 탄생에 얼마나 많은 산고가 따를지를 보여준다. 철 지난 극우 반공주의와 시장만능주의 선동으로 보수의 미래를 열어나갈 수는 없다.

보수의 대북정책은
무엇인가

● 이명박의 비핵 · 개방 · 3000 구상

한국 보수의 대북정책은 무엇인가? 민주당에는 '햇볕정책'이라는 브랜드가 있다. 적어도 대북정책에 관해서 민주당은 비교적 일관된 태도를 보여준다. 반면 보수의 대북정책이라고 하면 별로 떠오르는 브랜드가 없다. 그저 햇볕정책에 반대하는 모습만 기억난다. 햇볕정책이 마음에 안 들 수 있다. 하지만 정당이라면 대안을 갖고 있어야 한다. 그런데 남북통일이든, 한반도 비핵화든 그동안 보수진영에서 생산적 대안을 내놓는 것을 본 기억이 별로 없다. 상대 정책에 반대만 하는 한, 이미 상대가 깔아놓은 프레임에 갇힐 수밖에 없다. 과연 보수의 대안은 존재하는가.

보수 역시 대북정책을 제시하기는 했다. 예를 들어 이명박 정권은 '비핵·개방·3000 구상'을, 박근혜 정권은 '통일대박론'을 제시한 바 있다. 하지만 지금 국민의힘이 비핵·개방·3000 구상이나 통일대박론을 계승하고 있는 것 같지는 않다. 한마디로 이 문제에 관해 보수의 일관된 입장이 없다는 얘기다. 야당 시절에는 집권당의 정책에 반대만 해도 된다. 하지만 집권 여당이 되면 원하든, 원하지 않든 남북관계를 안정적으로 관리할 책임을 져야 한다. 이는 선거를 치르기 위한 공약으로, 혹은 국면을 전환하기 위한 이슈로 급조된 정책으로는 감당할 수 있는 일이 아니다.

이명박 정권의 비핵·개방·3000 구상의 바탕에는 햇볕정책은 완전한 실패라는 인식이 깔려 있다. 즉 햇볕정책이 북한의 핵실험을 막지 못했고, 원칙 없이 유화적으로 흘렀으며, 그로 인해 남남갈등이 증폭되고 한미동맹이 이완되며 세금이 낭비되고 북한 인권이 외면당했다는 것이다. 한마디로 햇볕정책의 성과는 모조리 지우고 그 한계만 과장하고 부각했다. 이런 인식은 '정책적' 판단이라기보다 '정치적' 공격에 가깝다. 이렇게 편파적 인식을 바탕에 깔고 있으니, 그 구상이 애초 남북관계 관리를 위한 진지한 정책이 될 수 없었다.

비핵·개방·3000 구상의 요체는 '북한에서 비핵화를 하면 현재

300달러에 불과한 북한 주민의 1인당 GDP(국내총생산)를 3,000달러로 만들어주겠다'는 것이다. 사업가 특유의 비즈니스 마인드다. 여기에는 크게 두 가지 문제가 있다. 첫째, 북한 지도층은 핵 개발을 체제 생존이 걸린 문제로 인식한다는 점이다. 애초에 경제성장과 교환할 수 있는 사안이 아니다. 둘째, 비핵화는 본질적으로 북·미 관계에 따라 결정될 문제라는 것이다. 미국의 태도가 변하지 않는 한 북한이 스스로 핵을 포기할 리 없다. 그러니 불가능한 일을 조건으로 북한 입장에서 볼 때 턱도 없는 제안을 한 셈이다.

북한 비핵화는 이뤄야 할 '목표'이나 비핵·개방·3000 구상은 이를 '전제'로 하고 있다. 그러니 목표가 달성되지 않는 동안 우리 정부가 할 일은 사실상 없는 셈이다. 이명박 정권 시절에 남북관계가 진전은커녕 후퇴만 했던 것은 이 때문이다. 그 시절 금강산 관광이 중단됐고, 남북 간 군사적 긴장은 고조됐다. 2010년 3월 북한의 어뢰 공격으로 천안함이 침몰했다. 이 사건으로 젊은 병사 46명이 목숨을 잃었다. 같은 해 11월에는 연평도 해병대 기지와 민간인 지역이 북한으로부터 포격을 당했다. 이 도발로 군인 2명과 민간인 2명이 목숨을 잃었다.

'안보'란 국민의 생명과 재산을 지키는 것이다. 비핵화를 전제로 내걸어 남북관계를 방치한 것이 외려 안보를 위태롭게 한 셈이다. 이 모두가 남북관계를 정책이 아닌 정략 관점에서 바라본 결과다.

물론 햇볕정책 시절에도 제1·2연평해전 등 북한의 도발은 있었다. 하지만 안보를 국민의 생명과 재산을 보호하는 것으로 규정할 때 안보 상황은 남북관계가 안정적이던 민주당 정권 시절이 더 나았던 게 사실이다. 특히 개성공단 설치로 북한군 2개 사단과 1개 포병여단이 후방으로 철수한 것은 우리에게 큰 안보상 이득이었다.

◉ 박근혜의 통일대박론

싸움을 하려면 상대의 강점을 취해 제 것으로 한 후에 약점을 공격해야 한다. 하지만 그동안 보수는 무조건 공격만 하면 된다는 생각에 사로잡혀 있었다. 대북정책에서도 마찬가지다. 상대를 종북으로 몰아 공격하려는 정략적 의도로 햇볕정책의 합리적 측면까지 부정하면 스스로 남북관계의 큰 그림을 그릴 수 없다. 그러니 비핵·개방·3000 구상 같은 비현실적 내용을 정책이라고 내놓게 된 것이다. 큰 그림이 없으니 북한을 대하는 태도가 울증에서 조증으로 바뀌는 등 오락가락할 수밖에 없다. 대표적 예가 박근혜 정권의 느닷없는 '통일대박론' 발표다.

2014년 박근혜 당시 대통령은 독일 드레스덴에서 '한반도 신뢰 프로세스', 이른바 '통일대박론'을 발표한다. 인도적 지원과 경제교류, DMZ(비무장지대) 평화공원 조성 등으로 한반도 신뢰를 구축하자는 내용이다. 문제는 그 안에 '비핵화' 얘기가 통째로 빠져 있다는 점이다. 이명박 정권은 그것을 어떻게 이룰지 생각지 않고 그냥 비핵화를 전제로 내세웠다가 남북관계를 긴장 속으로 몰아넣은 바 있다. 박근혜 정권은 아예 그 전제 자체를 빼버린 것이다. 한껏 대박의 꿈을 부풀리더니 북한이 핵실험을 하자 2016년 2월 갑자기 개성공단에서 철수할 것을 지시했다. 정책이 양극을 오간 셈이다.

보수언론도 마찬가지다. 박근혜 정권이 통일대박론을 외칠 때 한 보수언론은 이런 기사를 실었다. '남북통합 땐 대륙과 연결된 6000조 원 자원 강국', '북 관광 4조 투자하면 연 40조 번다', '북 인프라 122조 투자 땐 물류의 실크로드'. 이렇게 대박의 꿈을 부풀리던 언론사가 정권이 바뀌니 딴소리를 한다. '판문점 선언 동의받으려면 100조 원 액수부터 정직하게 밝혀야', '북은 고도의 철도 현대화 요구…고속철 건설 땐 56조', '남북은 정상회담, 미는 대북제재 안보리 긴급회의 소집'. 통일의 꿈을 뭉갠 셈인데, 내가 하면 대박이요, 남이 하면 쪽박이란 말인가?

남북관계를 관리하기 위한 전략적 비전 없이 그때그때 정치적 편의에 따라 전술적 기동만 하니 당연히 일관성이 없어진다. 그 결과 야당 때는 대북 강경책으로 일관하다 정작 집권해 남북관계를 관리할 책임을 떠맡게 되면 뭘 할지 몰라 냉온 양 탕을 오가는 갈지자 행보를 하는 것이다. 그러니 국민은 보수의 대북정책이 대체 뭔지 종잡을 수 없다. 통일 비용을 치르자는 것인가, 말자는 것인가. 비핵화 노력을 하자는 것인가, 말자는 것인가. 이런 태도 때문에 보수는 남북관계에 관해 생산적 대안 없이 오직 반대를 위한 반대만 한다는 인상을 받게 한다.

비핵화를 예로 들어보자. 보수의 전략은 한미동맹으로 북한을 압박하자는 것이다. 하지만 이 경우 우리 정부가 할 일은 사실상 사라지게 된다. 문제 해결을 온전히 미국 측에 맡기는 것은 주권 국가의 정부가 할 일이 아니다. 압박한다고 북한이 핵을 포기할 것 같지도 않다. 그렇다면 우리 정부의 역할은 무엇인가. 보수는 이 물음에 답을 갖고 있지 않다. 그러다 보니 우리도 핵무장을 하거나 미국과 핵을 공유하자는 주장으로 나아가게 되는 것이다. 이는 '한반도 비핵화'라는 목표를 포기하겠다는 선언이나 다름없다. 게다가 핵 개발이든, 핵 공유든 미국이 허락할 리도 없다.

● 보수 안보 정책 조건

2020년 8월 여론조사 전문기관 4곳에서 발표한 '전국지표조사 심층 리포트'에 따르면 남북관계 및 안보 정책에서 민주당이 국민의힘보다 잘할 것 같다는 응답이 월등히 높았다. 그 차이가 무려 19%로, 비교 대상인 5개 항목 중 격차가 가장 컸다. 보수는 이를 심각한 문제로 받아들여야 한다. 남북관계 및 안보 정책은 보수정당의 대표적 비교우위 영역이었는데, 이마저도 뒤집힌 것이다. 과거 선거철마다 불던 '북풍'은 보수정당에 유리했다. 그러나 이제 보수정당은 선거철 행여 북풍이 불까 노심초사한다. 안보나 남북관계를 둘러싼 정치 지형이 그새 완전히 달라진 것이다.

유감스럽게도 한국 보수는 이 변화를 아직 실감하지 못한 모양이다. 여전히 안보 및 남북관계에서 대북 강경 노선으로 일관하고 있다. 과거에는 그것이 지지율에 도움이 됐지만, 이제는 외려 보수의 덫이 돼버렸다. 가령 보수정당이 거듭나기 위해 대북정책을 수정하려 한다고 해보자. 아마도 과거 관성에 빠진 지지자들부터 들고일어날 것이다. 그 반발이 무서워 어정쩡한 행보를 보이면 '산토끼'와 '집토끼'를 모두 놓치게 된다. 변화를 위해서는 과감한 행보가 필요하다. 국민으로부터 수권정당으로 인정받으려면 그들에게 대안을 보여줘야 한다.

이제 햇볕정책과 경쟁할 만한 보수의 대북정책 브랜드가 있어야 한다. 그것은 어느 정권이 들어서도 이어서 추진할 장기적 플랜, 부침이 심한 불안한 남북관계에도 흔들리지 않을 확고한 원칙을 담고 있어야 한다. 햇볕정책의 전면적 부정으로는 답이 안 나온다. 그 정책의 합리적 핵심을 취하면서 한계를 넘어서야 한다. 예를 들어 햇볕정책 주창자들은 통일과 북한에 대해 과도한 기대를 하고 있다. 특히 현 정권 사람들은 종종 NL 운동권 이념의 잔재를 드러내곤 한다. 이 환상과 편향을 견제하면서 국민에게 안정감을 줄 만한 남북관계 전략 및 원칙을 마련할 필요가 있다.

4장

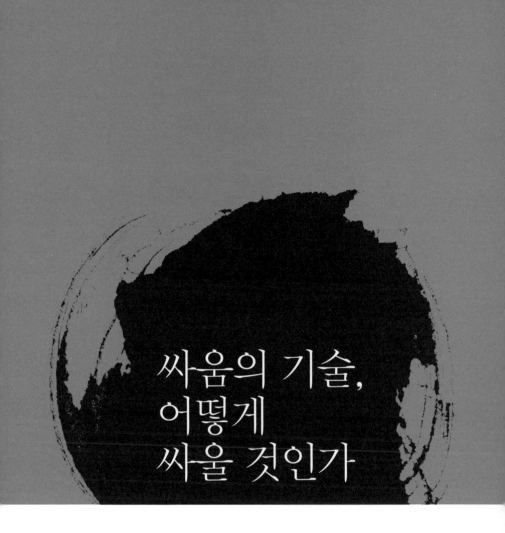

싸움의 기술, 어떻게 싸울 것인가

올바른 프레임을 설정하라
중도의 눈으로 보수를 말하라
유튜브와 미디어 전략
기동전에서 진지전으로

올바른 프레임을
설정하라

◉ 제 방에 갇힌 보수

왜 야당은 싸움을 못 하는가. 조금씩 야성이 살아나곤 있으나 아직 국민의 답답함을 풀어줄 정도에 미치지는 못한다. 왜 그럴까. 내부 사정 때문에 대여투쟁에 신경 쓸 여유가 없어서 그럴 수도 있지만, 가장 큰 원인은 아직 야당 생활에 익숙해지지 못한 데서 찾아야 할 것이다. 보수는 우리 사회에서 늘 오버도그였다. 김대중, 노무현 정권 시절 권력을 내줬을 때조차 보수는 여전히 사회 다수파였다. 보수는 곧바로 권력을 회수했고, 그 덕에 계속 주류 의식을 가질 수 있었다. 다시 정권을 넘겨준 지 3년이 넘었지만, 보수는 여전히 주류 의식을 버리지 못한 모양이다.

보수는 이제 사회의 주류가 아니다. 그들이 주류였을 때 서울 강남의 욕망은 전 국민의 욕망이 됐고, 영남의 여론은 전 국민의 여론이 됐다. 보수는 권력과 금전을 활용해 여론 향방을 바꿔놓을 수 있었다. 그 시절 '조중동(조선일보, 중앙일보, 동아일보)'은 신문 시장의 70%를 장악했다. 그때 〈조선일보〉 기자들의 모토는 '우리가 쓰면 여론이 된다'였다. 그러니 논리를 사용할 필요도 없었다. 그저 권력의 공작과 언론의 왜곡 보도를 통해 상대에게 '전라도'와 '빨갱이' 딱지를 붙이는 것만으로도 보수는 여론전에서 쉽게 헤게모니를 쥘 수 있었다. 주류이기에 사용할 수 있었던 오버도그 전략이다.

보수 엘리트층은 그 나름 출세한 삶을 살아왔기에 제 방식만이 옳다는 강한 확신이 있다. 성공한 이들에게 자기가 틀릴 수 있다는 생각만큼 낯선 것도 없을 테다. 그들에게 출세 못 한 이들의 얘기는 그저 루저(loser)의 불평일 뿐이다. 그 지지층도 마찬가지다. 과거에는 자기들끼리 지역에서 주고받는 얘기가 곧 전국의 여론이었다. 그러니 굳이 타지방 사람들의 생각을 알 필요도 없었다. 하지만 한때 한국 사회의 주류였던 강남과 영남의 연합은 이제 소수파로 전락했다. 강남은 서울에서 고립됐고, 영남(TK)은 전국에서 고립됐다. 강남도 이제는 보수만의 땅이 아니다.

보수 엘리트층은 이 상황이 아직 낯선 모양이다. 세상이 이상해졌다고만 생각한다. 지지층도 다르지 않다. 그들은 아직도 자기들을 주류로 착각해 입에 '전라도'와 '빨갱이'를 달고 산다. 이는 소수를 배제하는 다수파 전략이다. 달라진 게 있다면 다 망해가는 북한 대신 무섭게 부상하는 중국에 대한 공포('차이나 게이트')를 강조한다는 것뿐이다. 한마디로 엘리트든, 지지층이든 보수는 자기 세계에 갇혀 바깥 세계와 소통할 능력을 아예 잃어버렸다. 상대에 아무런 타격도 주지 못하는 그들만의 아우성에서는 갈 길을 잃은 보수의 좌절감과 열패감만 느껴질 뿐이다.

당에서 손을 놓은 사이 보수여론을 주도한 것은 유튜버들이다. 이들은 그렇잖아도 저만의 세계에 갇힌 보수층을 더 좁은 음모론의 방에 가둬버린다. 그들이 내세우는 '개표 조작 음모론'은 중도층은커녕 온건 보수층도 동의하기 어려운 주장이다. 그런데 국민의힘은 이 음모론을 공식적으로 추인하거나 묵인했다. 강경 지지층을 좁은 방에서 구해내기는커녕 그들을 따라 방 안으로 들어가 스스로 유폐된 것이다. 매일 자기들끼리 같은 얘기만 하니 그들에게는 그것이 세상의 전부로 보일 게다. 하지만 외부자 눈에는 그 좁은 방에 모여 있는 사람들이 신흥 종교집단으로 보일 뿐이다.

◉ 어떻게 싸울 것인가

일단 보수의 메시지를 보수층뿐 아니라 중도층도 수용할 수 있도록 고쳐 쓸 필요가 있다. 그러려면 논리와 상식, 공정의 원칙을 지켜야 한다. 그래야 정권에 대한 비판이 제삼자의 눈에 보편이익에 기초한 객관적이고도 옳은 메시지로 보일 수 있다. 비판의 목적은 상대를 무조건 깎아내리는 것이 아니다. 비판은 상대가 보편성과 객관성에서 벗어났다고 지적함으로써 그들이 다시 올바른 길로 되돌아오도록 도와주기 위해 하는 것이다. 이 원칙을 지키면서 철저히 사실에 기초해야 비판이 비로소 많은 사람에게 먹힐 수 있다.

2020년 7월(당시 미래통합당) 국민의힘 곽상도 의원이 대통령 아들의 아파트 문제를 건드렸다. 원래 비판의 요지는 정부 부동산 정책의 실패를 지적하려는 것이었다. "대출을 금지하는 정책이 그때에도 있었다면 문준용 씨도 아파트를 살 수 없었을 것이다." 여기에서 멈췄다면 좋았을 것이다. 그렇잖아도 집값이 내린다는 정부의 말만 믿고 집 사기를 미루던 이들의 불만이 높은 상태였다. 또 투기하는 이들은 현금이 풍부해 돈을 빌리지 않아도 얼마든지 집을 살 수 있는 때였다. 그런 상황에서 대출을 막으면 서민의 주택마련만 어려워질 뿐이다. 이런 비판은 비록 보수의 것이지만 꽤 설득력이 있다.

그런데 그는 선을 넘었다. 문준용 씨가 아파트를 팔아 6년 만에 2억 원의 시세차익을 거두었다고 한 것이다. 서울 웬만한 아파트라면 지난 6년 사이 2억 원 정도는 다 올랐다. 누구도 그걸 '투기'라고 부르지 않는다. 대통령을 흠집 내려다 괜히 아파트 가진 이들만 적으로 돌려버린 셈이다. 게다가 문준용 씨는 문제의 아파트에 실거주했다. 비판하면서 사실 확인도 하지 않았다. 그러는 사이 곽상도 의원의 아파트가 지난 5년 동안 최소 6~7억, 최대 10억 원까지 올랐다는 사실이 드러났다. 여당으로부터 곧바로 카운터펀치를 맞을 수밖에 없었다. 원칙을 벗어난 비판은 이렇게 역공을 부른다.

그의 비판은 괜히 사람들에게 '보수는 믿을 수 없고, 알고 보면 더 썩었어!'라는 인상만 심어주었다. 비판이 먹히려면 사회 보편이익 위에서 객관적 판단을 내려야 한다. 선동에 선동으로 맞서면 안 된다. 586세대는 정세 분석, 전략·전술, 선전·선동으로 젊은 시절을 보냈다. 보수의 막강한 권력에 맞서려면 대중을 설득해 세를 조직해야 했기 때문이다. 그때는 그것이 사회 보편이익에 부합했다. 안타깝게도 지금은 그 기술을 기득권을 지키는 데 사용하고 있다. 이런 선동의 귀재들에게 선동으로 맞서봐야 승산이 없다. 선동을 이기는 것은 오직 원칙과 사실에 입각한 올바른 비판뿐이다.

● 프레이밍 전략

보수는 종종 엉뚱한 데 전선을 친다. 전선으로 상대를 고립시키는 게 아니라 외려 자신을 유폐시킨다. 코로나19 국면에서 보수는 중국 봉쇄를 주문하고, 차이나 게이트 음모론을 제기하며, 대선 개표 조작설에 편승했다. 이는 저만의 세계에 갇혀 있기 때문이다. 오직 자기들끼리만 통하고 밖에서는 통하지 않을 얘기를 해봐야 상대에게는 아무런 위협도 되지 않는다. 상대는 그저 '자기들끼리 모여 심령 대부흥회를 하나 보다' 하고 웃어넘길 뿐이다. 전선을 치려면 중도층은 물론이고 민주당 지지자 일부까지 포용할 수 있도록 넓게 쳐야 한다. 그러려면 비판 방식부터 바꿔야 한다.

민주당 입장 대 강경보수 입장으로 맞서면 진영 싸움만 벌어진다. 비판을 소모적 싸움으로 만들지 않으려면 그 방식이 '내재적'이어야 한다. 즉 입장을 바꾸어 상대 처지에 선 후 그래도 말이 안 되는 부분을 지적해야 한다. 가령 민주당은 검찰개혁을 약속했다. 거기에 맞서 다짜고짜 개혁 반대를 외치면 여론전에서 중도층을 놓친다. 그때는 검찰개혁에 찬성하는 입장에 서서 지금 민주당이 애초에 내세운 개혁 취지를 완전히 배반했다는 점을 보여줘야 한다. 그래야 그들의 선한 의지만 믿고 지지했던 이들을 민주당에서 떨어뜨려낼 수 있다.

바둑 천재는 이세돌도 아니고 커제도 아니다. 바둑 천재는 바둑

진중권 보수를 말하다

판을 발명한 사람이다. 모든 기사는 어차피 그가 발명한 판 위에서 놀 수밖에 없다. 그 판을 정치에서는 '프레임'이라 부른다. 민주당은 프레임을 까는 데 능하다. 그들은 매번 '그릇된 프레임'을 선점해 그것으로 자신들의 이익을 챙긴다. 그들이 깔아놓은 프레임 안으로 들어가면 게임은 이미 진 것이다. 프레임에는 프레임으로 맞서야 한다. 그들의 프레임 안으로 들어가지 말고 '올바른 프레임'을 깔아 그들이 자신들의 특수이익을 사회 보편이익으로 가장하고 있음을 대중에게 드러내 보여줘야 한다.

민주당은 채널A 사건을 재빨리 '검언유착'으로 프레이밍했다. 그들의 목적은 윤석열 검찰총장을 내쫓는 데 있다. 그래야 검찰이 자기들의 비리에 손대는 것을 막을 수 있기 때문이다. 자신들의 특수이익을 그들은 사회 보편이익으로 포장한다. 사실 이 사건은 '검언유착'보다 외려 '권언유착'에 가깝다. 몇몇 정치인이 한 기자의 일탈을 빌미로 사기꾼과 방송사를 동원해 정적을 제거하는 작전을 짠 것이 이 사건의 본질이다. 이를 부각해야 한다. '검언유착이라는 그릇된 프레임'에는 '권언유착이라는 올바른 프레임'으로 맞서야 한다.

이 모든 것보다 더 중요한 부분은 바른 스탠스다. 보수정당의 비판이 먹히지 않는 이유는 무슨 말을 하든 '내로남불'이 되기 때문일 것이다. 곽상도 의원의 경우도 그렇지 않았나. 지금 민주당의 모습은 과거 국민의힘의 모습이기도 하다. 그래서 비판에 힘이 실리지 않는 것이다. 비판이 권위를 가지려면 보수가 정치적 올바름을 갖춰야 한다. 원칙을 벗어난 비판은 채널A 기자가 보여주듯이 심각한 역풍을 부를 뿐이다. 야당의 임무는 정권의 폭주를 견제하는 데 있다. 그 역할을 제대로 할 수 있을 때 국민은 보수를 다시 신뢰하게 될 것이다.

중도의 눈으로
보수를 말하라

◉ 이른바 '내재적 접근'

박근혜 정권 시절에 고 노회찬 의원, 유시민 이사장과 함께 '노유진의 정치카페'라는 팟캐스트를 한 적이 있다. 그 방송에서 유시민 이사장은 청와대나 새누리당이 언뜻 이해하기 힘든 말이나 일을 할 때마다 "내재적 접근을 해보자"고 말하곤 했다. 다시 말해 정권 측에서 하는 말이나 일을 그 사람들의 입장에서 해석해보자는 것이다. 물론 진지한 제안이라기보다 돌려 까기 위한 반(半)농담에 가까웠지만, 효과가 전혀 없었던 것은 아니다. 때로는 이렇게 입장을 바꿔보는 것이 상대의 의사나 의도를 더 잘 이해하게 해준다.

그것만으로도 상대를 겨냥한 비판의 정확성과 설득력을 꽤 높일 수 있다.

우리나라에서 '내재적 접근'이라는 표현을 처음 사용한 이는 재독학자 송두율 씨로 기억한다. 북한 사회를 자본주의체제의 기준으로 비판할 게 아니라, 북한 정권이 표방하는 사회주의적 가치를 기준으로 비판해야 한다는 주장이었다. 사실 이념을 놓고 두 진영으로 나뉘어 싸우다 보면 아집에 빠져 상대방에 대해 지독한 편견에 사로잡히기 마련이다. 이럴 때 자신의 세계에서 빠져나와 상대 입장이 돼보면, 불필요한 오해를 피하고 상황을 더 객관적으로 파악할 수 있다는 것이다. 딱히 틀린 말은 아니다. 다만, 내재적 접근이 북한을 비판하는 유일하게 옳은 방법은 아니다.

송두율 씨의 주장은 이른바 '자문화 중심주의'에 대한 포스트모던의 비판을 정치 맥락에 끌어들인 것으로 보인다. 즉 사회주의체제에 자본주의의 기준을 들이대는 것은 자문화 중심주의, 일종의 문화제국주의라는 것이다. 이 비판은 지극히 타당하다. 하지만 거기에는 또 다른 함정이 숨어 있다. 즉 모든 것을 문화적 상대성으로 치부하는 순간, 우리는 기준의 보편성을 잃고 문화상대주의에 빠지게 된다. 예를 들어 북한 인권 문제도 북한 체제의 시각으로는 얼마든지 정당화될 것이다. 이 모두를 허용하면 '인권'이라는 인류 보편의 가치로 북한 체제를 비판하는 것 자체가 불가능해진다.

진중권 보수를 말하다

그런 의미에서 내재적 접근을 강조하는 송두율 씨의 주장은 다분히 북한 체제 옹호론으로 읽힐 소지가 있다. 하지만 이 편향은 그를 국가보안법으로 체포하고 구속하는 것으로 풀 문제가 아니었다. 사실 국가보안법을 옹호하는 이들 역시 내재적 접근의 은밀한 옹호자다. 유엔에서 "한국의 국가보안법이 반인권적"이라며 폐지를 촉구했을 때 한국 우익들은 한반도의 지정학적 특수성을 내세워 인권이라는 인류 보편의 가치를 무력화시켰다. 남한의 반인권적 제도가 분단 상황이라는 지정학적 특수성으로 정당화될 수 있다면, 정도의 차이가 있을 뿐 북한의 반인권적 행태들도 같은 논리로 정당화될 것이다.

그렇다고 그가 주장하는 내재적 접근이 아무 의미가 없는 것은 아니다. 비판할 때 먼저 사유 실험을 통해 상대 입장에 서보는 것은 필요한 일이다. '내가 그의 입장이었다면 나는 어떻게 했을까?' '나 역시 그와 똑같이 했을 것'이라고 판단된다면 그 비판은 차라리 안 하는 편이 낫다. 비판은 보편성을 가져야 하기 때문이다. 그래야 나중에 '내로남불' 하는 일을 피할 수 있다. 일단 그렇게 상대 입장에서 봐도 그 주장에 문제가 있다는 판단이 든다면 그때 비판해도 늦지 않다. 아니, 그런 비판이야말로 진정한 비판인지도 모른다. 그런 비판은 힘이 매우 강하다.

● 호의의 원칙: 상대 논리를 활용해 공격해야

상대의 주장에 내재적 접근을 할 때 필요한 것이 이른바 '호의의 원칙(principle of charity)'이다.

이는 상대가 설사 이상한 말을 하더라도, 일단 그를 이성적 존재로 여겨 그가 하는 얘기를 되도록 말이 되게 해석해주라는 해석학의 원칙이다. 그렇게까지 해줬는데도 논리적으로 이해가 안 되는 부분이 있다면 바로 그 부분을 비판하라는 것이다. 그 부분이야말로 상대가 제 논리로 정당화할 수 없는 부분일 개연성이 크다. 비판할 때는 상대가 도저히 방어할 수 없는 지점이 어디인지 알고 있어야 한다. 그 지점을 과도하게 넘어서면 상대에게 빌미를 제공해 역공을 당할 수 있다.

예를 들어 유시민 이사장이 김정은 북한 국무위원장을 가리켜 '계몽 군주'라고 했다. 호의의 원칙을 적용해 다시 이해해보면 김정은의 통치 스타일이 김일성, 김정은과 달리 합리적인 구석이 있다는 뜻이리라. 실제로 김정은은 과거 '수령 무오류론'에서 벗어나 인민들 앞에서 경제 정책의 실패를 솔직히 인정하기도 했고, '축지법' 같은 이야기는 사실이 아니라 전설일 뿐이라고 말하는 등 그 나름 합리적 면모를 보여왔다. 이번 공무원 사살 사건에서도 그는 이례적으로 남측에 신속히 사과의 뜻을 전해왔다. 아마 유 이사장은 이 얘기를 하고 싶었을 게다. 하지만 지금 상황에서 그를 '계몽 군주'라 부른 것은 분명히 선을 넘은 것이다.

반북 이데올로기를 발동해 북한의 신속한 사과를 폄하하거나, 정권의 '종전 선언' 추진 자체를 반대할 필요는 없다. 그렇게 사안을 진영 대립이나 이념 갈등으로 바꿔놓으면 현 정권에서 추진하는 대북정책에 공감해온 계층을 모두 적으로 돌려세우게 된다. 이런 상황에서는 정권에서 추진하는 대북 유화정책을 인정하되, 그 가치가 국민 생명을 보호할 국가의 책무 위에 있는 것은 아니라는 사실을 강조하는 편이 낫다. 현 정권의 대북정책에서 드러나는 '편향'을 정확히 지적해야 한다. 이런 비판에는 보수만이 아니라 중도와 진보의 일부까지도 동의할 것이다.

가장 효율적인 비판은 상대 논리를 활용해 상대를 공격하는 것이다. 현 정권에서 남북관계를 발전시키고 남북긴장을 해소하기 위해 기울인 노력 자체를 비난할 필요는 없다. 다만 북한의 비인도적 조처로 자국민이 희생당했는데 결의안조차 못 낸다면, 이 사건을 처리하는 정권의 자세에 뭔가 편향이 있다는 얘기다. 그것만 지적하면 된다. 게다가 민주당은 세월호 침몰사고 이후 국민 생명을 보호하는 국가의 책무를 강조해왔다. 자기들이 표방해온 가치를 수호하고 강조해온 책무를 수행하는 데 스스로 실패한 것이다. 이 얘기를 하려고 굳이 반북 이데올로기로 되돌아갈 필요는 없다.

◉ 집회가 표현주의 예술인가

'남북관계의 개선이 중요하지만, 국민 생명을 보호하는 국가의 책무가 더 중요하다. 남북관계 개선도 실은 이 상위의 가치를 위한 수단일 뿐이다.' 이는 분명히 보수의 스탠스다. 하지만 이 스탠스는 동시에 보편성이 있기에 보수가 아닌 이들에까지 소구력을 가질 수 있다. 보수진영은 이런 사건이 벌어질 때마다 '종북몰이'로 일관해왔다. 상식을 향해 전선을 넓혀야 할 때 좁은 이념으로 퇴행하는 식으로 자신을 고립시켜온 것이다. 대통령이 '간첩'이라거나 정부가 '종북'이라는 말은 보수 일각에서나 상식이지, 바깥에서는 시대착오적 주장일 뿐이다.

보수에 부족한 것이 바로 이 내재적 비판 능력이다. 상대 논리를 안에서 무너뜨려야 하는데, 그것이 잘 안 되니 종북 딱지를 붙여 밖에서만 두드려대는 것이다. 이는 상대에게 타격을 주기는커녕 괜히 상대만 결집하게 해주고, 제 진영은 고립시킨다. 진영 안에 갇히면 자신을 객관적으로 바라보는 능력을 잃게 된다. 8·15 광화문 집회는 보수가 자기 객관화 능력마저 잃었음을 극명히 보여준 사례다. 원래 집회는 제 주장을 밖으로 알려 사회적 지지를 끌어내기 위해 하는 것이다. 그런데 사회에서 만류하는 집회를 강행하면서 대체 누구를 설득하겠다는 말인가.

인터넷 댓글에 대통령을 '문재앙', '문죄인'이라고 적는 이들이 있다. 나는 그런 표현이 들어간 댓글은 아예 읽지 않는다. 그런 댓글은 대통령보다 글쓴이에 대해 더 많은 것을 말해주기 때문이다. '공산당'이니 '종북좌파'니 하는 것도 마찬가지다. 이런 표현이 들어간 글들은 민주당의 문제보다 외려 그 당을 비난하는 이들의 문제를 더 선명하게 보여준다. 그냥 분노를 분출해 해소하려고 쓰는 글이라면 말릴 수 없는 일이다. 하지만 글쓰기로 어떤 정치적 효과를 노린다면 생각을 달리해야 한다. 그런 글은 미학적으로나 정치적으로나 역효과만 내기 때문이다.

'지피지기면 백전불태'라 했다. 정치 맥락에서 '지피(知彼)'는 내재적 비판 능력을, '지기(知己)'는 자기 객관화 능력을 가리킨다. 지피도 안 되고 지기도 안 되면 이길 수 없다. 보수가 다수였을 때는 종북몰이로 비판을 대신하고, 제 입장을 독단적으로 내세워도 문제가 없었다. 그런 상황에 안주하다 보니 내재적 비판 능력과 자기 객관화 능력을 습득할 기회가 없었다. 보수 인사들의 거친 언설을 들어보면, 그 목적이 남을 설득하는 데 있는 것이 아니라 그냥 제 감정을 표출하는 데 있는 것처럼 느껴진다. 비판은 표현주의 문학이 아니다.

유튜브와
미디어 전략

◉ 유튜브라는 이름의 게토

총선 참패 이후 국민의힘에서 한 가지 달라진 점이 있다면 극우 유튜버들과 거리를 두기 시작했다는 것이다. 2019년 패스트트랙 국면만 해도 보수 유튜버들이 가슴에 기자증을 달고 국회 본청을 제집 드나들듯 하며 그 당의 일거수일투족을 실시간으로 중계한 바 있다.

그런데 21대 국회에서는 이들의 모습이 싹 사라졌다. 극우 유튜버들이 주문했던 단식·삭발·장외투쟁 등 '3종 신기'가 도움이 되기는커녕 외려 총선 참패의 원인이었다는 인식이 자리 잡은 것이다.

진중권 보수를 말하다

4·15 총선 전까지만 해도 국민의힘은 유튜버들과 한 몸으로 움직였다. 이들을 대중 선동 미디어로 활용하는 데 그친 것이 아니다. 당시 미래통합당 황교안 대표는 이들 유튜버에게 입법보조원 자격을 주는 방안을 검토해보라고 지시했다. 〈고성국 TV〉의 고성국 씨는 아예 당대표의 조언자로 활약하기도 했다.

그런가 하면 〈가로세로연구소〉(일명 가세연)에 출연하는 인사가 비례대표의원 공천에 도전하는 일도 있었다. 그럴 만도 하다. 팟캐스트나 SNS 경쟁에서 밀려난 보수층이 유튜브를 중심으로 뭉쳤고, 적어도 유튜브 시장에서는 압도적 우위를 점하고 있었기 때문이다. 그래서 그들에게 휘둘리고 만 것이다.

유튜브로 정치 뉴스를 접하는 이들은 유튜브가 세상 전부라고 생각하기 쉽다. 그것은 착시에 불과하다. 보수가 점령한 유튜브는 세상의 극히 일부이고, 실은 보수들만의 게토에 지나지 않는다. 그 게토를 세상 전부로 알고 총선 압승이라는 황당한 희망에 부풀어 있었다. 실제로 총선에서 제1당을 차지할 것이라 예상했다고 한다. 보수 유튜버들을 쫓아가다 현실감각을 잃어버린 것이다. 그래서 유세 기간 내내 '차이나 게이트' 같은 허황한 음모론을 펼치다 투표 일주일 전에야 비로소 상황의 심각성을 깨닫고 유세 전략을 바꿨다. 하지만 때는 이미 늦어버렸다.

국민의힘이 보수 유튜버에 휘둘리게 된 이유는 박근혜 전 대통령 탄핵 이후 대중에게 던질 정치적 메시지를 마련하지 못했기 때문이다. 즉 유권자들이 소비할 정치적 콘텐츠를 제공해야 하는데, 정당이 이 기본 기능을 못 한 것이다. 이로 인해 정당과 유권자를 잇는 정치적 소통 고리가 끊어졌고, 그 틈을 유튜버들이 파고들어 정당을 대신해 보수 유권자를 결집하는 역할을 했다. 대중이 유튜버들 주위에 조직돼 있으니, 정당이 유튜브 인플루언서들에게 끌려다닐 수밖에 없다. 문제는 이 보수 유튜버의 사고가 너무 극단적으로 편향돼 있다는 데 있다.

◉ 미디어 자체가 메시지다

'미디어는 메시지다.' 즉 '유튜브'라는 형식이 그것을 통해 흘러나가는 내용의 성격을 결정한다. 가령 정치를 다루는 유튜브 채널은 현실 정치에서 소재를 취한다. 하지만 현실에서 늘 세인의 시선을 끌 만한 사건이 벌어지는 것은 아니므로 방송이 항상 재미있을 수는 없다. 하지만 시청률은 계속 높게 유지돼야 하니 없는 재미를 만들어서라도 제공해야 한다. 그 방식 중 하나가 '가상화'다. 즉 현실에 상상력을 동원해 없는 재미를 억지로 만들어내는 것이다. 이 가상화의 대표적 형식이 바로 '음모론'이다. 유튜브 콘텐츠는 본질적으로 음모론적이다.

현실이 주지 못하는 재미를 인위적으로 창출하는 또 다른 방식은 말초신경 자극이다. 사건의 본질과 상관없는 선정적 측면을 부각함으로써 대중의 흥미를 끄는 것이다. 이 방식은 진지하게 다뤄야 할 정치적 의제를 졸지에 〈선데이서울〉로 바꿔놓는 결과를 낳는다. 그리고 선정성에는 막말이 따르기 마련이다. 예를 들어 유튜브 채널 〈가세연〉 출연자들은 생방송 도중 박원순 전 서울시장의 자살 정황에 관해 농담을 던지면서 시시덕거렸다. 이로써 그의 죽음이 우리 사회에 남긴 수많은 과제, 우리 사회에 던진 수많은 물음은 진지함을 잊고 한갓 우스갯거리로 전락하고 만다.

이는 '슈퍼챗'이라는 유튜브 특유의 수익 구조에서 비롯된 현상이다. 유튜브 정치 채널은 콘텐츠가 극단적일수록 높은 수익으로 연결된다. 그런 극단적 콘텐츠에 오래 노출된 시청자는 자연스레 사고가 극단주의적으로 바뀌게 된다. 그들이 즐겨 구독하는 여느 채널들도 별반 다르지 않기에 급기야 자신들의 극단적 생각이 정상적인 것이라고 착각하게 된다. 이런 비이성적 정보가 지금 보수 진영을 대표하는 정치 콘텐츠다. 이 문제를 해결 못 하면 보수 지지층은 이 사회에서 영원히 정치적 의식의 가장 후진적 층위에 머물게 될 것이다.

● 게토의 정서

보수층 상당수가 정치 유튜버들의 영향으로 여전히 개표 조작 음모론에 목을 매고 있다. 음모론은 대중을 현실에서 망상으로 이주케 한다. 그것은 총선 참패의 책임을 남에게 돌림으로써 제 문제를 보지 못하게 하고, 아무 가망 없는 싸움에 에너지를 낭비하게 함으로써 보수를 영원한 패배의 운명에 묶어놓을 뿐이다. 몇 가지 예를 들어보자.

서울시장 사망 사건 당시 국민의힘 배현진 의원이 상주인 박주신 씨를 공격하고 나섰다. 이 또한 강경보수층 사이에 박주신 병역 기피 음모론이 널리 퍼졌기에 벌어질 수 있는 일이다. 그의 행위는 카메라를 들고 박 전 시장 빈소까지 찾아가 행패를 부리던 보수 유튜버들의 행태와 평행을 이룬다. 무소속 홍준표 의원은 "서울시에 채홍사(조선 연산군 때 창기 중에서 고운 계집을 뽑으려고 전국에 보내던 벼슬아치)가 있다"는 말로 여성주의 의제를 졸지에 〈선데이서울〉로 바꿔놓았다. 〈TV홍카콜라〉 채널을 운영하면서 익힌 유튜버 화법일 것이다. 이런 언행을 할 수 있는 것은 보수층에 여전히 극언에 환호하는 이가 꽤 많이 남아 있기 때문이다.

국민의힘이 강경보수 정서에 기대는 것은 정치적으로 무용한 일이다. 가령 주호영 원내대표가 국가정보원장 인사청문회에서 박지원 후보자에게 "적과 내통한다"고 극언을 퍼부었다. 철 지난

진중권 보수를 말하다

프레임으로 청문회장을 이념의 전장으로 바꿔놓으려 한 것이다. 이는 국민의힘 사람들이 여전히 극우 정서에 물들어 있음을 보여준다. 이 발언은 상대에게 아무런 타격도 주지 못한 채 외려 여당의 반격만 초래했다. 심지어 대통령까지 한마디 거들고 나섰다. 이 쓸데없는 발언 때문에 주 원내대표는 공세를 펼쳐야 할 청문회 국면에서 도리어 수세에 몰려 제 발언의 취지를 해명해야 할 처지가 됐다.

● 보수의 담론 생산과 매체 전략

강경보수를 위한 언행들은 민주당에 실망해 국민의힘을 지지하려던 사람들의 마음을 돌려세울 뿐이다. 고로 국민의힘 의원들은 겉으로 극우 유튜버들과 거리를 두는 것 이상으로, 자기 몸과 머리에 들어와 있는 강경보수 습속부터 청산할 필요가 있다. 물론 정치인이라면 지지자들의 정서를 고려해야 한다. 하지만 한국의 전체 보수층 가운데 유튜브를 보는 강경보수는 생각보다 많지 않다. 중요한 점은 이들 강경보수가 '보수' 전체를 대표하지 않게 하는 것이다. 당은 강경보수의 영향을 받을 게 아니라 거꾸로 그들에게 영향을 끼쳐 그들을 변화시킬 생각을 해야 한다.

보수층이 유튜브에 매달리는 이유는 정당이 정치적 정보에 대한 자신들의 욕구를 충족시켜주지 못하기 때문이다. 여론에는 지식층의 합리적 담론(談論)과 항간에 떠도는 세론(世論)이 있다. 둘은 서로 연결돼 있어야 한다. 제대로 된 정당이라면 대중의 입에 회자하는 세론을 받아 합리적 담론으로 가공한 후, 그것을 메시지로 던져 세론으로 항간에 회자하게 만들어야 한다. 국민의힘에 결여된 것이 이 '담론 생산 능력'이다. 담론이 공급되지 않으니 정치에 관심 있는 보수층은 오직 세론만을, 그것도 유튜브를 통해 전달되는 극단적 형태로 접하게 되는 것이다.

정당과 대중 사이에는 대중의 요구를 합리적 담론으로 가공하는 전문가들, 그리고 그 담론을 쉬운 말로 바꿔 대중에게 되쏘는 인플루언서들이 있어야 한다(지금은 다 망가졌지만 민주당에는 유시민, 공지영, 이외수 등 그런 역할을 하는 지식인들이 있었다). 그들이 발신하는 메시지는 굳이 시키지 않아도 유튜버들이 알아서 널리 증폭해준다. 이 관계는 일방적이 아닌 쌍방향적이어서 유튜버들의 콘텐츠가 거꾸로 인플루언서와 전문가들에게 영향을 끼칠 수 있다. 이런 시스템을 구축할 때 비로소 보수도 제대로 된 자기 '메시지'를 갖게 될 것이다.

진중권 보수를 말하다

기동전에서
진지전으로

○ 그람시의 《옥중수고》

　진보를 겨냥한 보수의 비판 가운데 몇 가지 빗나간 것들이 있다. 그중 하나가 좌파들이 이탈리아 정치철학자 안토니오 그람시의 '진지전' 전략을 따르고 있다는 주장이다. 좌익 세력이 정당과 대학, 문화계와 시민단체 등 사회 곳곳에 침투해 진지를 구축한 뒤 이 나라를 적화시킬 결정적 시기만 기다리고 있다는 것이다. 이념적 강박이 낳은 신경증이라고 할 수 있다. 그람시는 유로코뮤니스트다. 그의《옥중수고》는 운동권 일각에서 교양으로 읽혔을 뿐, 그의 사상이 운동권에 진지하게 수용된 적은 없다. 운동권의 주류

이념은 주체사상(NL 계열) 아니면 마르크스주의(PD 계열)였기 때문이다.

그람시 하면 바로 떠오르는 것이 '진지전'의 개념이다. 사실 그람시의 철학은 정통 마르크스주의자의 관점에서 보면 수정주의 사상이다. '수정'이 필요했던 이유는 서구에서 자본주의 발전이 마르크스의 예상과는 다른 방향으로 흘러갔기 때문이다. 마르크스가 자본주의의 위기 관리 능력을 과소평가한 것이다. 서유럽의 선진 자본주의는 마르크스의 생각보다 훨씬 유연했다. 혁명적 상황이 도래할 것으로 보이지 않으니, 봉기로 단번에 승부를 내는 '기동전'에서 장기적으로 사회 모든 영역에 문화적 헤게모니를 구축하는 '진지전'으로 전략을 바꿔야 한다는 것이다.

하지만 좌파가 진지전 전략을 구사한다는 주장이 딱히 틀린 말은 아니다. 비록 의도한 것은 아니지만, 결과적으로 좌파가 진지전으로 전환한 것은 사실이기 때문이다. PD 계열은 사회주의 붕괴 이후, NL 계열은 고난의 행군 이후 기동전을 통한 혁명을 기대할 수 없게 됐다. 나이가 들면서 사회 곳곳에 진출해 생활 속에서 소소한 실천을 하다 보니 자연스럽게 문화적 헤게모니를 쥐게 된 것이다. 이는 의도하지 않은 진지전의 효과인 셈이다. 이제 이들은 결정적 시기에 수행할 기동전을 무력 혁명이 아니라 '촛불혁명'으로, 보통 때는 '대선'으로 이해한다.

진중권 보수를 말하다

그사이 기동전과 진지전의 개념도 혁명론의 성격을 잃고 부르주아 정치를 설명하는 평범한 용어로 변했다. 2006년 5·31 전국동시지방선거에서 참패한 후 열린우리당(현 민주당) 이목희 의원은 당을 수습한 뒤 "끈질긴 진지전을 해야 한다"고 제언했다. 당시 한나라당(현 국민의힘)에서도 소장파였던 박형준 의원이 "이제 전당대회와 대선후보 경선을 계기로 진지전 속 기동전을 수행해야 한다"고 주장했다. 그때도 "교조적 수구 우파가 아니라 개혁적 중도 우파가 이니셔티브(initiative·주도권)를 발휘해야 한다"는 얘기가 있었다. 14년이 지나도록 같은 얘기를 하는 것을 보면 그동안 당에 아무런 발전도 없었던 모양이다.

● 기동전을 하는 방법

보수가 기동전에 집착하는 것은 이해할 수 없는 일이다. 황교안 대표 시절 보수야당은 툭하면 거리로 뛰쳐나갔다. 물론 그것으로 국민의 호응을 얻지는 못했다. 그 무용함을 보고도 보수는 여전히 거리 집회에 집착한다. 수십만 명이 모였던 2019년 광화문 집회의 기억 때문일까? 그 집회도 실은 중도를 끌어들이는 데는 실패했다. 거리 집회에 대한 집착이 얼마나 강한지, 코로나19 감염 위험도 그 고집을 꺾을 수 없었다. 결국 8·15 광화문 집회가 열렸고, 거기서 발생한 감염 사태로 보수는 범국민적 지탄의 대상이 되고 만다. 그런데도 이후 개천절과 한글날에 다시 집회를 열겠다고 했다.

국민의 입길이 막혀 있던 독재정권하에서는 진실을 말하려면 거리로 나가는 수밖에 없었다. 하지만 지금은 진실을 알릴 채널이 널려 있다. 보수신문도 있고, 종합편성채널(종편)도 있고, 유튜브 채널도 있다. 시위는 국민의 지지를 얻기 위해 하는 것이다. 한 여론조사 결과에 따르면 개천절 집회를 금지하는 데 국민의 70.3%가 찬성했다. 집회 자체를 반대하는데, 거기서 나오는 소리에 귀 기울일 사람이 얼마나 될까. 집회를 열어봤자 '공동체에 대한 책임 의식이 없는 집단'이라는 이미지만 뒤집어쓸 뿐이다. 기동전을 펼치려면 최소한 국민이 납득할 수 있는 내용과 형식으로 해야 한다.

이제 보수도 질서 있고 평화롭게 자기주장을 할 수 있어야 한다. 그런 의미에서 '드라이브 스루 시위' 제안은 적절했다. 국민은 '추미애 물러가라'는 구호에 반대하는 것이 아니다. 외려 국민 과반은 그의 사퇴를 원한다. 국민이 우려하는 점은 그 구호를 한곳에 모여서 외치는 것이다. 집회 인원에 집착할 필요 없다. 내용과 형식만 적절하면 차량 아홉 대로도 호응을 얻을 수 있다. 다만, 추미애 법무부 장관이나 조국 전 장관 사택 앞에서 시위를 벌이는 일은 삼갔어야 한다. 아무리 공인이라도 사생활은 보호해줘야 하기 때문이다. 선을 넘은 행위는 주장의 정당성만 깎을 뿐이다.

집회에 태극기는 필요 없다. 한 국가의 상징을 시위 소품으로
사용하는 것은 적절하지 않다. 태극기는 국민 전체의 것이지 특정
이념집단의 전유물이 아니다. 그들이 태극기를 흔드는 것은 '우리
가 곧 대한민국이요, 우리와 다른 자들은 반국가분자'라고 말하는
다른 방식일 뿐이다. 국민은 소중한 국가의 상징을 자신들의 광신
성과 편협성을 표현하는 수단으로 써먹는 것을 좋아하지 않는다.

● 문화적 헤게모니

지금 보수에 필요한 것은 어설픈 기동전이 아니라 장기적인 진
지전이다. 사회의 문화적 헤게모니를 빼앗긴 상태에서 기동전은
제한적 의미만 가질 뿐이다. 탄핵 촛불집회의 경우 진보뿐 아니라
중도층과 보수의 절반이 참여했다. 그 정도로 중대한 도덕적 이슈
가 존재하지 않는 한, 기동전으로 승부를 낸다는 것은 환상에 불과
하다. 일상적인 시기에 기동전은 진지전의 승리를 위한 수단으로
사용돼야 한다. 하지만 보수층 일각에서는 지금이 정권의 위기라
는 허황된 환상에 사로잡혀 무리한 전면전을 펼치려 한다. 그 과격
함은 보수를 더욱더 소수로 만든다.

보수는 이 사회의 문화적 헤게모니를 빼앗겼다. 이는 당장 인적
자원의 결핍으로 나타난다. 보수에 '차기'가 안 보인다. 기성세대

만의 문제가 아니다. 보수진영은 희망이어야 할 젊은 세대마저 안타까운 수준이다. 2020년 9월 국민의힘 젊은 당협위원장이 '달님은 영창으로'라는 구절이 적힌 플래카드를 거리에 내걸었다. 사석에서나 어울릴 법한 소리를 당직자가 당 이름으로 한 것이다. 대통령을 모욕하려고 한 모양인데, 그런 행위는 당 이미지만 깎아먹을 뿐이다. 제 행위의 정치적 효과에 대해 기본적 판단도 안 되는 사람이라면 정치를 해선 안 된다.

이 사태는 젊은 보수의 문제를 보여준다. 국민의힘 중앙청년위원회 간부들의 포스터는 더욱 암울하다. '하나님의 통치가 임하는 나라'. 대한민국을 아예 신정국가로 만들려는 모양이다. 서울시를 하나님에게 봉헌한다고 했던 이명박 전 대통령, 초파일에 교회 장로로 행동했던 황교안 전 대표가 무색할 정도다. 또 다른 청년은 포스터에 이렇게 적었다. '경제대공황이 온다고 믿고 곱버스(곱하기와 인버스의 합성어로, 주가 하락 시 하락분의 두 배로 수익이 나는 증시 상품을 일컫는 은어) 타다가 한강 갈 뻔함'. 한마디로 자신이 대박을 터뜨릴 수 있도록 나라 경제가 망하기를 빌었다는 얘기다. 이게 정치하는 사람의 자세인가. 한강에 목숨을 던진 이들이 느꼈을 절망감이 어디 가벼운 농담 소재로 소비할 성격의 것인가.

이는 보수진영의 젊은 세대가 정치에 필요한 준비가 돼 있지 않다는 것을 보여준다. 기성세대에게서 보고 배울 게 없었다는 얘기

이기도 하다. 문제는 윗세대나 젊은 세대나 애초 이런 것이 문제화
되리라고 인지하지 못했다는 데 있다. 청년들은 포스터로 젊은 세
대의 발랄한 이미지를 보여주고 싶었을 것이다. 하지만 바탕 자체
가 잘못 세팅되다 보니, 발랄함이 발칙함으로 표출될 수밖에 없다.
중요한 점은 이 바탕을 탄탄하게 다지는 것인데, 이는 장기적 노력
을 요하는 일이다. 보수는 지금 그 수고를 수행할 의지도, 역량도
부족해 보인다.

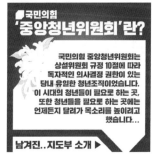

◉ 기동전에서 진지전으로

중요한 것은 거리의 기동전이 아니라 생활 속 진지전이다. 정부에 대한 비판이 부족한 게 아니다. 부족한 것은 그 비판의 대안이다. 대안은 하루아침에 만들어지지 않는다. 지금 보수가 뒤집어쓴 부정적 이미지도 수십 년에 걸쳐 형성됐다. 그 이미지를 벗는 데 오랜 시간이 걸릴 것이다.

보수는 진지전의 헤게모니를 빼앗겼다. 그러니 정치적 의제 설정에서 밀릴 수밖에 없다. 보수진영에는 권위 있는 시민단체 하나 존재하지 않는다. 광화문광장으로 뛰쳐나간다고 해결될 일이 아니다. 기동전에 쏟아붓는 열정의 절반만 진지를 구축하는 데 돌려도 상황은 달라질 수 있다.

보수를 걱정하는 사람이라면 질 떨어진 유튜브를 지원할 일이 아니다. 허위와 과장, 음모론과 선동적 콘텐츠로 가득 찬 유튜브 채널은 당장 속은 시원하게 해줄지 몰라도, 한국 보수층을 점점 더 깊은 우물 안에 가둬놓을 뿐이다. '정신승리'는 정신 밖에서 패배한 이들에게나 필요하다. 머리 밖에서 승리하기를 바란다면 질 떨어지는 유튜브 채널에 들인 관심과 지원을 정말로 보수를 재건하는 진지전에 사용해야 한다. 실제로 여기저기서 작으나마 보수의 문화적 진지를 구축하려는 움직임도 나타나고 있다. 이들을 지원해야 한다.

그 좋은 예가 오신환 전 의원이 여의도에 차린 정치카페 '하우스'다. "보수진영은 소통방식이 바뀌어야 한다. 이런 건 주로 사회적 기업이나 협동조합, 소위 진보진영에서 했던 형태인데 '왜 보수에선 못 하나. 한번 해보자' 이런 의미로 시작했다"고 한다.

'하우스'에는 서점과 카페는 물론이고 특강 공간까지 마련돼 있다. 제대로 운영한다면 보수를 넘어 정치권 전체에 준비된 인재를 공급하는 풀(pool) 역할을 하게 될 것이다. 보수의 장래가 걱정되는가? 그럼 이런 작은 발걸음부터 시작하라.

김종인 - 진중권 대담(對談)

진행 · 허문명 동아일보 기자

2020년 10월 15일 국민의힘 김종인 비상대책위원장과 진중권 전 동양대 교수가 서울 서대문구 동아일보 충정로 사옥에서 만나 '보수의 진로'를 놓고 3시간 가까이 진지한 토론을 벌였다.

　　평생을 정치 현장의 한가운데서 킹메이커 역할을 하며 살아온 김 위원장과 진보, 보수 가릴 것 없이 예리한 필봉을 휘두르고 있는 정치평론가의 만남이었다. 어느 지점에서는 서로 시각이 달랐다. 그러나 서로를 존중하고 귀 기울이는 격조 있는 대화였기에 이 책에 소개한다.

"보수 문제는 지피지기 안 된 것"

허문명 2020년 4월 총괄선거대책위원장이 되고 인터뷰한 후 두 번째 만남이다. 실제 당에 들어가 보니 어떻던가?

김종인 선거에서 엄청난 패배를 하고 초반에 위기의식이 좀 있었던 것 같다. 정강정책 바꾸는 것도 수용하고. 그런데 바꿨으면 거기에 맞게 처신들을 해야 하는데…. 일단 지켜봐야지, 아직 단정적으로 얘기할 수는 없다. 보수라는 말 쓰기 싫지만, 어떻든 보수가 살려면 변화된 상황에 적응할 줄 알아야 하는데 따라가지 못하면 아무 의미 없는 거지."

(목소리에 약간의 피곤함이 실렸다.)

허문명 보궐선거 준비위원장 임명이 사흘 만에 철회되고, 선거 준비를 해야 할 사무총장은 서울시장 후보로 나간다 하고… 김 위원장 리더십이 시험대에 올랐다는 보도도 있다.

김종인 내가 시험대에 오를 사람은 아니다. 불가능하다는 생각이 들면 집어치운다.

허문명 어떻든 아직도 야당은 정신을 못 차렸다는 느낌이 든다. 원인이 뭘까?

김종인 당이 어느 한 방향을 설정했으면 그리로 가야 하는데 쓸데없는 잡음들이 생긴다. 8월 초까지만 해도 그런대로 잘 갔는데

진중권 보수를 말하다

8·15 광화문 집회 때 마치 국민의힘이 동조하는 것처럼 여당이 공격하니까 주춤했다. 어떻게 하면 국민으로 하여금 우리를 믿게 할까, 이게 큰 숙제다. 내 머릿속은 온통 코로나19 사태 이후 대한민국이 어디로 갈지, 이 위기를 어떻게 슬기롭게 넘길지 하는 생각뿐이다. 위기가 기회라고 하지만 기회가 그냥 오진 않는다. 변해야 한다. 지금 국민의힘에는 그게 절실하게 필요한 상황이다.

허문명 진중권 선생은 야당의 문제가 뭐라고 보나?

진중권 지피지기가 안 된다. 변해야 한다고 하지만 상대를 제대로 모르니 비판도 못 하고 자기 자신이 누구인지, 뭘 잘못했고 뭐가 문제인지 모르는 것 같다. 정강정책? 선거용 구호로밖에 안 보인다.

김종인 의원들이 공동의 노력을 해야 하는데 그런 노력이 안 보이니 '저 사람들이 말로만 저러지 과연 하겠나' 하는 시선이 있다. 지적에 동의한다.

진중권 이번에 낸 정강정책을 굉장히 높게 평가한다. 그러면 이걸 뒷받침하는 1호·2호·3호 법안이 줄줄이 나와야 하는데 하나도 안 보이니까 선거용이라는 말을 한 거다. 지금 야당은 집권당 잘못에만 기대면 어떻게 되지 않겠느냐는 식으로 안이하게 생각하는 것 같다.

김종인 이번에 정부가 내놓은 공정경제 3법 같은 것은 우리도 정강정책에서 경제민주화 얘기를 했기 때문에 우리 당 의원들이 냈어야 했다. 시간이 없었으면 정부안에 대해 공동으로 토의해야 했는데 자꾸 반대하는 말들을 하니 국민의 지탄을 받을 수밖에 없는 것 같다.

진중권 무조건 반대해 상대 법안을 좌절시키는 게 이기는 거라고 생각하는 것 같다. 기본소득처럼 상대가 프레임을 선정했다면 슬쩍 편승해 빼앗아야 하는데 말이다. 무조건 정부안을 좌초시키면 지지율이 올라간다고 단순하게 생각한다. 그건 아니라고 본다.

김종인 맞다. 늘 말하지만, 우리나라에서 가장 정상적인 교육을 받은 이들이 1970년대 이후 태어나 1990년대에 대학을 다닌 사람들이다.

사고체계가 윗세대와 완전히 다르다. 이 30~40대의 국민의힘 지지율이 제일 낮다. 그들은 불공정, 불평등, 비민주적인 걸 굉장히 싫어한다. 정보 접근 능력은 제일 높고 해외여행도 제일 많이 갔다 왔다. 하지만 이렇게 먹고살기 힘들 때 국민의힘은 약자나 서민에게 관심이 없으니 정당으로서 가치가 없다고 생각해 거부하는 거다. 우리도 그들과 동행한다는 것을 행동으로 보여줘야 하는데 그런 게 잘 안 보이니까 마음을 못 얻고 있다.

진중권 조금 보태자면, 과거에는 약자들을 생각할 필요가 없었다. 낙수효과가 실제로 있어서 대기업만 잘되면 소득 이전 효과

진중권 보수를 말하다

가 있었다. 일자리가 최고 복지라는 게 통했고, 복지가 없어도 평생 고용이라는 약속이 있어서 웬만하면 직장에서 잘리지 않았다. 하지만 국제통화기금(IMF) 체제 이후 모든 게 달라졌다. 대책을 말하면 빨갱이니, 좌파니 하니까 황당한 거지. 외환위기가 도대체 몇 년 전인가. 아직도 이분(보수야당)들은 대기업 위주 정책을 하면 될 거라는 믿음을 갖고 있다.

"국민의힘 내부는 '빠루'만 들고 서 있는 인상"

김종인 연평균 8%씩 성장할 때는 모두 그 안에서 생활이 향상되니까 이것저것 따질 필요가 없었다. 진 교수 말처럼 외환위기를 극복하는 과정에서 양극화가 확 되면서 세상이 바뀌었는데도 옛날 사고로 선거 운동을 하다, 당시 한나라당 내 거의 모든 사람이 된다고 하던 이회창 후보가 떨어진 거 아닌가. 노무현 후보는 서민을 위한 사람처럼 보였고. 그러다 이명박 후보가 대통령이 된 것은 노 전 대통령이 되지도 않은 좌파 신자유주의니 뭐니를 내세워 재벌 위주 정책을 펴다 임기 말에 경제 상황이 나빠지니까 '이게 뭐야 더 어려워졌잖아' 하면서 경제 대통령 간판을 내건 그를 찍은 거다. 박근혜 전 대통령은 새누리당이 경제민주화 간판을 내걸길래 좀 변화시킬 것 같다고 생각해 유권자들이 찍은 건데 되자마자 다 지워버렸다. 거기서부터 멍이 들어버린 거지.

허문명 보수야당은 왜 변화에 둔감할까? 부자가 많아서 그런가? 약자에 대한 민감성이 없어서인가?

진중권 (고개를 갸웃하며) 그걸 나도 모르겠다. 이분들을 보면 토론 훈련이 안 돼 있다. 옛날에는 그냥 힘으로 누르고 상대를 빨갱이로 몰면 됐기 때문에 사상의 자유시장에 나와 논리로 경쟁한 경험이 별로 없다. 그나마 윤희숙 의원이 그런 모습을 보여주니까 엄청나게 호응한 거고, 사람들이 바라는 게 제발 저 사람들(집권당)하고 논리적으로 따져서 붙는 모습이다. 당내에 그런 훈련이 된 사람이 몇이나 있는지 모르겠다.

허문명 (김 위원장을 바라보며) 정말 없나?

김종인 전문지식이 없으니 시장경제, 자본주의만 앞세우는 거지. 정부는 아무 기능을 하지 않는 걸로 착각한다. 그런데 대한민국 경제는 시장경제 원리에 의해 만들어진 경제가 아니다. 1960년대, 1970년대 정부가 개입해 특정 기업들에 자원을 퍼줘 오늘날 재벌이 탄생한 거다. 탄생이야 현실적으로 그렇게 됐다 치더라도 재벌이 사회에, 경제에 미치는 영향이 뭔지 알고 대책을 내야 하는데 무조건 경제 단체들 의견에 찬성하는 것처럼 보이니 국민들이 신뢰가 안 가는 거지.

진중권 시장, 기업, 국가 역할이 다 다르다. 기업은 사익을 추구하는 게 당연한 거고 그래야 한다. 하지만 정부는 공익을 추구해야 하는데 저 사람들(보수야당)은 "기업의 사익이 곧 공익이야, 내버려 둬" 이러는 거다. 그러면서 만날 작은 정부 얘기만 한다. 나는 그전까지 계속 진보정당만 찍다 2012년 진보진영 단일후보로 나온 민주당 문재인 후보를 찍었다. 근데 박근혜 후보가 '경제민주화' 딱 걸고 나온 순간 '아, 의제를 뺏겼다, 싸우기 힘들겠다' 느꼈다.

허문명 지금 야당 사람들한테는 결기가 안 보인다. 눈에 핏발이 서야 하는데.

김종인 하도 여당만 오래 해서. 자유당, 공화당, 민정당 52년 동안 대한민국을 다스린 그 뿌리가 지금 국민의힘 아닌가.

허문명 정권도 빼앗겨보고 했잖은가?

김종인 김대중, 노무현 10년 뺏겼던 게 전부다. 그거 빼고는 집권당으로만 살아와서 기본적으로 어떻게 해야 한다는 습관이 안 돼 있다.

진중권 빠루(장도리)만 들고 서 있는 모습이다. 노무현 전 대통령이 의원 시절 제5공화국 청문회를 하면서 명패를 확 던지는 이런 것들이 국민의 공분을 사는 건데, 그런 건 없으면서 빠루만 들고 설치는 모습? 싸우는 방법을 잘 모르는 거 같고, 자기 세계에 갇혀 있다고 할까. 옛날 주류일 때는 '내 생각이 곧 사회다', 〈조선일보〉

구호처럼 '우리가 쓰면 여론이다' 이런 식이다. 말을 하거나 정책을 내놓거나 어떤 행동을 할 때 국민이 어떻게 볼까 하는 메타 반성이 없다.

이번에 국민의힘 중앙청년위원회 젊은 친구들도 바탕에 깔린 사고방식이 끔찍하더라. 경제 대공황이 온다고 믿고 곱버스 탔다는 말이 어떻게 나오나. 한국 경제가 망해야 이득을 본다는 얘기 아닌가. 국민이 얼마나 뜨악해할지 감각이 없다. 진보 쪽은 그래도 옛날에 권력에 맞서 싸운 경험이 있어 믿을 건 국민밖에 없다는 게 내재화돼 있다. 그런데 보수 쪽은 국민 여론과 함께 가는 게 아니라 보수언론만 업고 가면 된다고 생각하는 거 같다.

"인내 갖고 계속 설득하면 변화 올 것"

김종인 지금까지 습관화됐기 때문에 금방 변화를 기대하는 건 무리다. 내가 생각하는 대로 당장은 움직이지 않지만, 인내를 갖고 계속 설득하면 변화가 올 거라고 믿는다. 사람이 막다른 생존 위협에 처하면 변화를 안 할 수가 없다. 정당은 집권을 못 하면 아무런 의미가 없기 때문에 정신 바짝 차리고 있으면 변화할 수 있다는 자신이 있다. 진 교수는 구제 불능이라고 얘기 많이 하는데(웃음), 나는 그렇게 비관적으로는 안 본다.

진중권 나는 국민의힘뿐 아니라 다 비관적으로 본다. 민주당은 아예 수권 능력을 잃었다. 그나마 정의당이 정신 차리고 있는 거 같다.

허문명 (야당에) 힘 좀 주는 조언이나 제언을 한다면.

진중권 (김 위원장이) 잘하고 계신다고 본다. 뭐가 문제고 어디까지 와 있고 뭘 해야 하는지 아는 유일한 분 아닌가. 세력이 있어서 뒷받침하고, 같은 마인드를 가지면서 같은 메시지를 내는 사람이 더 있으면 좋을 텐데. 잘 안 보이니까 답답하고 그런 부분이 있다.

김종인 답답하다고 버릴 수는 없잖은가?

(화제를 미래로 돌렸다.)

허문명 요즘 사람 찾는 게 일일 텐데, 다들 정치에 혐오만 커져서…. 어려움이 많을 걸로 짐작된다.

김종인 밖에서 찾아야 한다고 말들은 많이 하는데 용기 있는 지성인이 안 보인다. 막상 '책임지고 같이하자' 하면 거부반응을 보이니까. 어차피 정치는 정치하던 사람이 할 수밖에 없다고 본다. 국민의힘은 절박하다. 서울시장, 부산시장 보궐선거에서 지면 희망이 없다. 다소 무리하더라도 원래 설정한 방향대로 끌고 가는 수밖에 없다.

허문명 무리한다는 게 무슨 말인가?

김종인 내가 오래 있을 사람도 아니고, 개혁안대로 추진만 되면 그것만 해주고 사라지면 되는 사람이기 때문에 별로 부담이 없다. 이러고 저러고 잡음이 있지만, 하여튼 내년 서울시장 보궐선거를 반드시 이겨야 한다는 절박감은 다 가진 거 같다. 합당한 후보를 어떻게 찾느냐가 문제다.

허문명 일단 후보들을 안에서 찾겠다는 말인가?

김종인 밖에서 안 오면 안에서 찾을 수밖에 없지.

허문명 윤희숙 의원 얘기도 나왔지만 숨겨진 보석들이 있을 거 같다.

김종인 가능성 있는 사람들이 있다. 경륜 따지고, 선수(選數) 따지고 이런 게 이제 별로 의미가 없다. 2011년 박원순 시장이 나타나던 식의 그런 후보는 나올 수 없다. 구닥다리 말고, 프레시(fresh)하면서 서울시에 대한 비전을 어느 정도 제시할 수 있는 사람이면 된다고 본다.

"이재명, 정책 순발력 뛰어나고 상상력 풍부"

허문명 진 선생은 추천하고 싶은 서울시장 후보가 있나?

진중권 있는데 말하지 않겠다.

진중권 보수를 말하다

허문명 마음에 두고 있는 대선후보는?

진중권 없다.

허문명 이 참에 차기 대선후보 얘기까지 가보자. 야당은 아예 주자가 보이지 않는다.

김종인 민주당 이낙연 대표, 이재명 경기도지사가 1·2위로 나오는데 야당 후보도 나오지 않은 상황에서 크게 의미 있다고 생각지 않는다. 대선은 1년 반 이상 남아 얘기할 수가 없다.

진중권 1년 반이면 한국 정치에서는 조선왕조 500년이다. 이낙연 대표나 이재명 도지사는 너무 일찍 노출돼 한계도 보인다.

허문명 이낙연 대표의 한계는 뭔가?

진중권 스스로 무언가를 결정하기보다 늘 '신중히 보겠습니다' 이런 거.

허문명 메시지가 불분명하다?

진중권 친문(친문재인)이 아니잖은가. 친문을 업기도 하고 싸움도 걸면서 승부수도 던져야 하는데. 오히려 이 도지사가 승부수를 던질 수 있다고 본다. 친문이 아니니까 이 도지사가 당선하면 이게 정권교체일 수 있다는 말도 있다(웃음). 실제로 보수층에서도 지지율이 나오는 걸로 알고 있다.

허문명 이 도지사를 평가한다면?

진중권 장점이 많다. 정책 순발력이 뛰어나고 상상력도 풍부하다. 의제화도 잘하고. 걱정되는 게 포퓰리즘이다. 바닥부터 올라와서 그런지, 정규전이 아니라 사회적 공분을 사는 소수집단을 딱 정해 법적·윤리적 제약 때문에 감히 하지 못하는 일을 저지른다. 이게 시장, 도지사까지는 통한다 해도 대통령은 통합적인 지도력을 발휘해야 하는데…. 그분이 되면 문 대통령보다 더 심하게 나라를 두 쪽 낼 수도 있겠다 하는 걱정이 든다. 이낙연 대표는 통합적인 지도자 이미지가 있다. 하지만 현재로선 둘 다 확정적이라고 말할 수 없다. 당이 친문에 장악됐기 때문에 그들과 척지고는 후보가 될 수 없는데, 문제는 그들과 척을 안 지면 본선 경쟁력이 떨어진다는 딜레마다. 이낙연 대표에게 "그냥 얹혀 가려 하지 마시라" 말하고 싶다. 대선후보는 쟁취하는 거고, 이건 이 도지사도 마찬가지다.

허문명 (김 위원장에게) 동의하나?

김종인 둘 다 너무 눈치를 봐서 독자성이 전혀 보이지 않는다. 자신들이 지향하는 바가 뭔지, 대통령이 되면 어떻게 나라를 끌고 가겠다는 건지 그런 게 안 보인다. 이 도지사는 돌출적인 행동을 많이 해 어필할 수 있는 측면도 있지만, 냉정하게 생각하는 사람들은 과연 저런 성격으로 대통령이 될 수 있겠나 염려하는 경우도 많다. 어쨌든 두 사람 다 문 대통령의 심기를 건드리지 않는데 포커싱하다 보니 자기 것이 없다. 내년은 어떻게 될지 모르지만 당분간 그런 상황이 이어질 거라고 본다.

진중권 이 대표는 아무 말도 안 하고, 이 도지사는 툭 던졌다가 저쪽(친문)이 반응해오면 도망가고 하는 상황이다.

"대선후보는 누가 만들어주는 게 아니다"

김종인 대선후보는 누가 만들어주는 게 아니다. 확고한 신념을 갖고 미래 청사진을 낼 용기가 없으면 안 된다. 국민의힘에 대선후보 될 사람은 그 약점을 파고들어서 제대로 된 비전을 갖고 시작해야 한다.

허문명 김 위원장은 그동안 이른바 킹메이커로서 좌우를 넘나들며 대통령 만드는 데 결정적 기여를 했는데, 이제는 각자 해야 한다고 하니 상황이 어려워서인가, 생각이 바뀐 건가?

김종인 지금 내 입장에서는 누가 대통령이 될 거라고 내 입으로는 말할 수 없다. 종전에는 '저 사람이 되겠구나' 거의 다 맞혔는데 이번에는 잘 보이지 않는다. 하지만 내년 초쯤 가면 국민의힘에도 그런 사람이 한둘 나타날 거라고 본다. 지금 지지율이 5%밖에 안 되니까 그거 가지고 뭐 하겠느냐 말하는데, 잘못된 얘기고. 내 생각엔 열심히 준비하고 있는 사람들이 있으리라고 본다. 그렇지 않으면 나라 장래가 안 보인다.

"차기 시대정신은 '경제'"

김종인 다음 대선의 결정적 요인은 내년(2021년) 봄 경제 상황이 어떻게 되느냐 하는 거다. 사람들이 생각하는 건 결국 내 생활이 어떻게 될지, 과연 코로나19 이전으로 돌아갈 수 있을지 하는 거다. 정말 많은 사람이 생활에 팍팍함을 느낀다면 노무현 전 대통령 임기 말기처럼 경제 대통령이 나와야 한다는 말이 튀어나올 수도 있다.

허문명 김동연 전 경제부총리를 염두에 둔 말인가?

김종인 만난 적도 없다.

허문명 대선을 앞두고 여당에서 또 돈을 뿌린다면 어떻게 하나?

김종인 그럴 여력이 없다. 용기도 없어 보인다. 4월 초 총괄선거대책위원장을 맡으면서 예산에서 20%, 100조 원을 만들어 쓰자고 했는데 이 사람들이 용기가 없으니 찔끔찔끔 추경을 4차까지 한 거 아닌가.

허문명 그럼 국민의힘은 선거가 임박하면 재정을 푸는 공약을 낼 건가?

김종인 경제 상황이 어떠냐에 따라 파격적인 것을 할 수도 있다. 우리가 금융으로만 모든 걸 처리해본 버릇이 있어서 재정을 어떻게 해야 하는가에 대해 개념이 없다. 그러니까 찔끔찔끔 추경이 나오는 거다.

진중권 보수는 빚내는 건 무조건 반대, 재정 악화 레토릭(rhetoric) 을 쓰는 데 필요한가 아닌가를 봐야 할 거 같다. 재정 확대는 좌파 정책이니 무조건 안 된다, 이건 아니다.

허문명 돈 풀기에 찬성하는 건가?

진중권 필요하다면 할 수 있다고 본다. 경제가 돌아가야 세금도 들어올 거 아닌가. 종합적인 생각을 못 하고 이념적으로만 판단하지 말자는 거다.

"문재인 정권, 권력에 대한 자제 능력 없다"

허문명 전대미문의 사건들이 연이어 터지고 있다. 현 정권 애기로 넘어가보자.

김종인 제일 문제가 선거를 통해 합법적으로 권력을 잡은 정권이 기본적인 민주 질서를 파괴하고 있다는 거다. 사법부는 건국 이후 제일 어려운 상황을 겪고 있는 거 같다. 도대체 사법부를 장악하려는 이유가 뭔가. 검찰개혁 한다지만 무엇을 지향하는 건가. 검찰개혁은 옵티머스나 라임 사건 같은 걸 철저히 규명하기 위해 필요한 거 아닌가. 그런데 수사도 제대로 안 한 채 은폐하고 지나가려 하는 게 현 정부의 실태다. 현 정부 사람들은 정치에 대한 개념 자체가 잘못 입력돼 있다. 권력만 잡으면 모든 걸 다 맘대로 할 수 있다고 생각한다. 한마디로 권력에 대한 자제 능력이 없다. 여기에 과거 정권에서 못되게 하던 것만 답습하고 있고.

진중권 기본적으로 자유민주주의에 대한 인식이 없다. 1970년대 운동권만 해도 모델이 미국식 민주주의였다. 그런데 1980년 광주를 거치며 〈죽창가〉가 상징하듯 운동권이 이념화하고 민족주의적 성향이 강해지면서 상황이 확 달라진다. 자유민주주의를 타도 대상으로 여기게 된 거다. 이 사람들은 다수 의견 자체를 민주주의로 이해하기 때문에 다수의 힘으로 몰아붙이는 걸 당연하게 생각한다. 다수결 민주주의는 민중민주주의적 의식이다.

국회 법사위원장을 야당에게 양보하는 관례도 무시하고. 이번 국정감사 증인도 120명 다 잘라버리고. 뭐 하는 건가 도대체. 국정감사라는 건 국정을 감시하는 거다. 여당 의원도 함께 감시를 해야 하는데 그런 마인드 자체가 없다. 카를 슈미트 말대로 정치 본질을 적과 악으로만 구분해 지도자를 중심으로 다수결로 몰아붙이자는 거다. 지금 경제, 부동산, 남북관계 다 엉망이다. 남은 건 자유민주주의적 시스템을 실질적으로 무력화하는 이른바 '연성 독재'뿐이다. 아니, 징벌적 손해배상제, 과거사처벌법, 친일파 파묘법, 이게 자유주의를 표방하는 정당의 의원들이 낼 수 있는 법인가. 증권범

죄합수단도 왜 해체했는지 이제야 알겠다. 한동훈 검사는 또 뭔가, 1년에 세 번이나 좌천인사를 한다는 게 말이 되나.

(그렇지 않아도 빠른 진 전 교수의 말 속도가 더 빨라졌다. 분위기가 약간 달아올랐다.)

김종인 180석을 가졌는데 다양한 목소리가 하나도 없다. 히틀러 때 히틀러유겐트를 동원해 말 한마디로 나라를 다스리던 모습이 떠오른다.

진중권 당·정·청 관계라는 게 있었는데 국회의원 역할은 거수기다. "손 들어" 하면 쫙 들고 "다물어" 하면 쫙 다물고.

허문명 지금까지 여러 정권을 경험했지만, 집권 4년 차 넘기기가 모두 쉽지 않았다. 옵티머스 사태도 심상치 않은데.

김종인 보통 같으면 정권이 혼돈에 빠졌을 테지만 코로나19 때문에 사람들이 생명에 위협을 느끼니 정부를 지지하게 된다. 코로나19 사태가 금방 끝날 거 같지 않다. 그러면 경제가 정상화되지 않는다. 대기업은 그 나름대로 유지가 된다지만 25% 넘는 자영업자들의 생존과 생계 문제가 심각해질 거다. 신문은 그런 거 안 내더라고. 결국 그런 데서 문제가 부각될 수밖에 없지 않겠나.

허문명 국민의힘에서 TF(Task Force·전략과제)팀을 꾸려 실태와 대책 마련에 나서야 하는 것 아닌가?

김종인 당 내부에 제대로 짚어 공격할 능력이 현재로선 없다. 아마 자연적으로 일반 국민 스스로가 피부로 느끼면 표출될 수밖에 없다고 본다. 농담 비슷하게 얘기하는데, 갈 데까지 가면 해결된다고 본다. 현 집권 세력은 결국 후회하는 날이 올 거다.

"적의 장점을 빼앗아 취하는 게 최대 비판"

허문명 (진 전 교수에게) 어떻게 보나 옵티머스 사태.

진중권 엄청난 비리로 보진 않는다. 청와대 '잡스러운 것들'이 장난을 친 거라고 본다. 문제는 일을 처리하는 방식이다. 모든 정부가 깨끗할 수 없지 않은가. 부패는 늘 있을 수밖에 없고. 그런데 이런 문제가 터져나오면 민주당 사람들은 이를 윤리적으로 반성할 사항이 아니라 정치적으로 돌파해야 할 상황으로 본다. 자기들이 잘못한 게 아니라 적의 음모니까 옹호해줘야 하고, 저쪽은 공격해야 하고. 추미애 장관 봐라. 우리가 뭘 잘못했느냐고 나오지 않는가. 사과는커녕 무관용 원칙이라며 외려 고소하겠다 하고. 정말 짜증난다. 지금은 코로나19도 있고 야당이 못 미더우니까 국민이 참고 있지만, 임계점에 왔다고 본다.

허문명 야당이 너무 약하니까 어디 기댈 곳이 없다는 게 문제다.

김종인 국민이 바보가 아니다. 과거에도 수(數)로 밀어버리는 정

진중권 보수를 말하다

권의 종말이 안 좋았다. 이런 상황에서 야당이 극한투쟁을 할 필요는 없다고 생각한다. 국민이 오히려 짜증 낸다. 언젠가는 국민들이 표출할 수밖에 없다고 본다. 절대 영원히 갈 수 없다고 믿는다.

진중권 야당에 바라건대 상대를 공격할 때 전체를 매도하진 말았으면 좋겠다. 지금 민주당 지지율이 나오는 데는 그 나름 합리적 이유가 있는 거다. 그게 촛불정신이라는 거고, 저 사람들이 하는 못된 짓만 잘라내면 되는 거지, 그들이 하는 일 전체를 부정하려 하면 설득이 안 된다. 국민의힘에서 주목할 것은 여당이 이렇게 잘못하고 있는데도 지지율이 유지되는 이유, 저들이 업고 있는 부분들이 뭔가 하는 점이다.

허문명 구체적으로 뭔가?

진중권 촛불정신에서 하려고 했던 여러 개혁 정신, 그 부분들을 가져와야 한다. 저들이 잘하고 있는 것, 국민의 기대를 받는 부분을 내 것으로 만드는 게 최대 비판이라고 본다. 잘못했다고 씹는 거는 나 같은 사람이 매일 하고 있고 언론도 늘 하고 있다. 더 중요한 것은 저들이 비비고 있는 토대를 빼앗아 취하는 거다. 즉 프레이밍 전략을 구사해 개혁 의제를 선점해야 한다. 적의 장점을 빼앗아 취하는 것이야말로 최대의 비판이다.

허문명 국민의힘에서 진 교수를 영입할 생각은 없나(웃음).

김종인 진 교수 같은 분은 밖에서 자유롭게 얘기를 해야 도움이 되는 거지. 특정 집단에 가면 발산을 못 해서 안 돼(참석자 모두 웃음).

진중권 이른바 진보도 지금 위기다. 산업혁명 시기에 만들어진 진보 이데올로기는 지금 디지털 시대에 맞지 않는다. 정권 내에서 터지는 비리만 해도 옛날엔 건설 비리였는데 지금은 금융 비리 아닌가. 또 옛날처럼 노조 위주의 운동은 안 된다. 비정규직이 더 많은 세상 아닌가. 요즘 그런 부분을 고민하고 있다.

김종인 이번에 공정경제 3법과 별도로 노동개혁을 하자고 한 게 바로 그것 때문이다. 노동개혁은 의회 다수가 확보되지 않으면 힘들다. 그래서 180석이 됐으니까 해묵은 노동관계법을 바꿀 기회로 본 거다. 코로나19 사태 이후 경제·사회 전반이 재편되고 있다. 고용 질도 달라지고 4차 산업혁명에 대비하려면 현 노동관계법으로는 되지 않는다. 정규직과 비정규직의 격차를 해소하려면 노조 위주로는 안 된다. 노조하고 기업소유주하고 적당히 타협하면 나머지 많은 사람은 어떻게 하나. 정말 심각한 문제다. 과연 민주당 사람들이 공정경제 3법을 제대로 통과시킬 수 있을지도 의심이 든다. 법 내용은 박근혜 전 대통령 때보다도 완화됐는데 제대로 할 것이냐는 의구심이 들고 있다.

진중권 대기업 노조는 솔직히 사용자와 모종의 공모 관계에 있다. 비정규직 노동자들을 착취해 사용자와 이익을 공유하는 공생

관계에 있다고나 할까? 그들도 이제 비정규직 노동자를 위해 고통을 분담할 준비가 돼 있어야 한다. 노동관계법 개정에 대해 정규직 노동자들은 그저 해고만 쉽게 하는 게 아닌가 우려하고 있다. 그런 우려를 불식시키면서 비정규직 노동자를 위해 양보할 것은 양보하게 만들어야 한다. 이념을 떠나 지금 국가를 위해 필요한 일을 하는 정치가 돼야 한다.

"안보는 미국, 경제는 중국? 성립될 수 없다"

허문명 정권이 바뀌어야겠다는 생각은 하나?

진중권 사실 별 관심이 없다. 내 관심은 다른 데 가 있다. 좀 불길하다고 생각하는 게 지금 한국 상황이 1990년대 초반 내가 유학 갔을 때 일본과 비슷하다. 지난 30년 동안 일본은 실질소득이 계속 줄었다. 정말 급진적이고 중대한 개혁이 필요한 시점이다. 그 개혁은 밀어붙이기 식으론 안 된다. 거기에는 사회적 대타협이 필요하다. 문제는 이런 심각한 문제의식을 느끼고 있는 사람이 별로 안 보인다는 거다. 그게 두렵다. 여든, 야든 왜 경고하는 사람이 없는가.

허문명 무엇보다 국제 사회에 대한 인식이 너무 떨어진다. 어떻

게 주미대사가 동맹을 안 할 수도 있다고 말하나.

김종인 매우 위험한 발언이다. 오늘날 한국 경제의 비약적 성취는 실질적으로 한미동맹을 바탕으로 해서 만들어진 거다. 안보는 미국, 경제는 중국? 성립될 수 없다. 다음 대통령은 주변 강대국들 속에서 대한민국이 어떻게 해야 하는가, 이런 걸 내놓아야 한다. 그리고 정말 이 출산율을 갖고 나라가 장기적으로 서바이벌할 수 있는지 생각해봐야 한다. 아무 대책이 없다.

진중권 과거에는 못살아도 희망이 있었다. 산업화 세대가 아무리 나쁜 아버지라고 해도 적어도 그들은 혁명을 떠들던 자식들에게 아파트 하나씩은 줬다. 그런데 지금 아버지가 된 그들은 젊은 세대에게 줄 게 없다. 젊은이들의 절망을 20대 지지율 관점으로 보면 안 되고, 한국 사회의 미래라는 관점에서 봐야 한다. '차기 주자 중 누가 답을 갖고 있는가?' 국민들이 그 대답을 하도록 강요해야 한다. 그런데 언론도 그렇고 누가 되고 안 되고, 이 문제를 마치 스포츠 중계하듯이 다루는데, 이렇게 가면 나라 망한다.

허문명 정권교체 가능성은?

김종인 51% 이상.

진중권 그렇게 높게 보진 않지만 지금 이 정권이 워낙 못하고 있어서 어떤 상황이 벌어질지 아직은 예측 불가능하다.

김종인 정권교체 가능성이 크다고 보는 이유가 이 사람들이 초기에 내건 것 가운데 달성한 게 하나도 없기 때문이다.

진중권 한 가지 있다. 한 번도 경험해보지 못한 나라(일동 웃음).

새는
두 날개로 난다

◉ 빨갱이에서 토착왜구로

"새는 두 날개로 난다." 과거에는 진보에서 이렇게 말했다. 보수 우익이 툭하면 '빨갱이' 운운하며 좌파 사냥을 하던 시절의 일이다. 이 말에는 한 사회가 올바른 길로 나아가려면 좌파와 우파가 모두 필요하다는 뜻이 담겨 있다. 당시에 진보진영은 홍세화 선생이 제시한 '똘레랑스'라는 말을 아예 입에 달고 살았던 것으로 기억한다. 민주주의 사회라면 사상이나 이념, 가치관의 차이를 인정하고, 그 다름에 관용을 가져야 한다는 것이다. 지금은 두 날개와 관용을 얘기하던 그 세력이 권력을 쥐었다. 그래서 사회에 관용이 넘치게 됐는가? 유감스럽게도 그런 일은 생기지 않았다.

처지가 뒤바뀌자 이제 진보를 자처하던 진영에서 툭하면 우익 사냥을 한다. 자기들과 조금이라도 견해가 다르면 토착왜구로 몰아 공격하기에 바쁘다. 관용을 말하던 그들이 이제는 '무관용'이라는 말을 입에 달고 산다. 조국 전 법무부 장관은 자신에게 불리한 보도를 한 언론사들을 향해 고소장을 남발하고 있다. 추미애 법무부 장관 역시 자신에게 부당청탁 의혹을 제기한 이들과 이를 보도한 언론에 "무관용으로 대응할 것"이라고 엄포를 놓는다. 대통령과 국무총리와 민주당은 광화문광장을 원천봉쇄하고 "불법집회에는 무관용의 원칙으로 엄격히 대응할 것"이라고 천명했다.

물론 진보진영에도 비판의 목소리는 존재한다. 정의당 심상정 전 대표는 한글날 광화문광장 원천봉쇄를 '방역 편의주의'라고 비판했다. 민주사회를 위한 변호사모임에서도 "정부의 무관용 원칙이 집회의 자유와 가치를 중대하게 훼손할 수 있다"는 성명을 냈다. 민주당이 추진하는 징벌적 손해배상제에 대해서도 언론단체들이 우려의 목소리를 내고 있다. 하지만 전체로 보면 이런 움직임은 극히 일부분일 뿐, 과거에 비해 사회 분위기는 더 각박하고 삭막하며 살벌해졌다. 진영논리가 난무하는 곳에 관용이 설 자리는 없다. 국민을 통합해야 할 대통령부터 갈라치기를 하고 있지 않은가.

왜 이렇게 됐을까? 진보나 보수나 어차피 군사주의 마인드에서 자유롭지 못하기 때문일 것이다. 과거 보수는 6·25전쟁을 내전으로 바꿔놓았다. 시민사회 안에서 6·25전쟁의 연장전을 치른 셈이다. 이 전장에서 견해가 다른 이들은 간단히 '간첩' 혹은 '빨갱이'로 몰렸다. 여기에 대항했던 운동권 주류는 민족주의 이념의 영향 아래 민족 자주권을 빼앗은 미국과 일본에 맞서 독립전쟁의 연장전을 치른다는 의식에 사로잡혀 있었다. 그 관성으로 여전히 자기들과 견해가 다른 이들을 토착왜구로 몰아붙이는 버릇을 드러내는 것이다. 전장에 관용이란 있을 수 없다.

결국 우리 사회에서는 진보나 보수나 모두 자유주의 가치를 제대로 인식할 기회가 없었던 것이다. 보수는 어차피 군사정권

진중권 보수를 말하다

후예로 시민의 자유를 억압하는 것을 안보라는 이름으로 정당화해왔다.

　군사정권의 대척점에 있던 진보 역시 민족이나 계급의 이해를 개인의 자유 위에 올려놓는 것을 당연시해왔다. 보수나 진보나 사회를 적(敵)과 아(我)로 쪼개 상대를 섬멸하는 것을 정치로 여겨온 것은 마찬가지다. 그러니 한밤중에 방문을 열고 얼굴에 플래시를 비추며 다짜고짜 "대한민국이냐, 인민공화국이냐?"라고 물었다는 6·25전쟁의 상황이 시민사회의 일상이 돼버린 것이다.

● 공정과 통합의 화두

　사회가 진영으로 분열되면 모든 일이 진영논리에 따라 처리되기 마련이다. 진영을 지키기 위해 내 편의 잘못은 무조건 덮어두게 된다. 그 잘못을 지적하는 행위는 적의 음모로, 그것을 비판하는 행위는 적의 공세로 치부된다. 그 결과 윤리적 사안은 돌파해야 할 전술적 과제로 둔갑한다. 잘못을 수정할 길이 없으니 진영은 안으로부터 썩어 들어가고, 그 짓을 양 진영에서 하다 보면 사회 전체가 병이 들 수밖에 없다. 제 편의 잘못은 무조건 덮어주니 권력자들은 제 진영 안에서 법과 도덕을 초월한 특권을 누리게 된다. 그에 따르는 대가는 물론 사회 전체가 치러야 한다.

이 상황에서 벗어나려면 독립적으로 사고하고 행동하는 개인들이 필요하다. 그 개인들은 설사 특정 진영에 속해 있어도 제 진영이 아니라 제 자신의 이름으로 발언할 줄 아는 사람이다. 그 해방된 개인들이 자유로운 토론과 논쟁을 통해 진영의 차이에도 불구하고 사안에 대해 보편적이고 객관적인 판단을 내리는 공론의 장이 있어야 한다. 과거에는 시민단체나 진보정당에서 그 장을 대변해왔다. 가령 정의당 '데스 노트'는 공직 임명에 관해 여야가 합의할 수 있는 최소한의 객관적 기준을 제시했다. 하지만 문재인 정권에 들어와 그 '최소한'마저 무너졌다.

진영으로 사회를 갈라치는 정치에서도 벗어날 필요가 있다. 우리 사회의 문제들 중에는 진보의 해법을 요하는 것도 있고, 보수의 해법을 요하는 것도 있고, 두 해법을 결합한 종합적 처방을 요하는 것도 있다. 군사주의적 마인드로 상대를 제압한다는 발상으로는 정책의 안정적 시행에 필요한 사회적 합의를 얻어낼 수 없다. 적은 내가 생각하는 것만큼 악하지 않고, 친구는 내가 생각하는 것만큼 선하지 않다. 하지만 이 정권은 그동안 주로 국민을 갈라치는 정치를 해왔다. 2020년 의사파업 국면에서는 아예 대통령까지 나서 의사와 간호사 사이를 갈라놓았다.

여기서 자연스레 차기 정권에 필요한 리더십의 윤곽이 드러난다. 언제나 그렇듯이 권력을 잡으려면 '시대정신'을 제 것으로 해야 한다. 다음 선거에서는 아마 '공정'과 '통합'이 화두가 될 것이다. 이미 국민 대다수는 정의를 무너뜨린 진영논리와 나라를 분열시키는 대통령의 갈라치기에 환멸을 느끼고 있다. 그러므로 여당이든, 야당이든 차기 지도자는 진영논리가 망가뜨린 공정의 기준을 다시 세우고 편 가르기 정치가 갈라놓은 사회를 다시 통합하는 것을 최우선적 과제로 끌어안아야 할 것이다. 승부는 공정과 통합이라는 시대정신을 누가 선점하느냐에 달려 있다.

● 정치의 자유주의적 정의

현재 상황은 33년 역사를 가진 이 나라의 민주주의가 얼마나 취약한 토대 위에 서 있는지 보여준다. 보수는 여전히 국가주의적 이

진중권 보수를 말하다

념에 사로잡혀 생각이 다른 이들을 비(非)국민, 혹은 반국가분자로 몰아간다. 진보 역시 민족주의적 이념에 매몰돼 생각이 다른 이들을 반(反)민족분자, 혹은 토착왜구로 몰아 배제하려 든다. 정치 자체가 비국민이나 반국가분자, 혹은 반민족분자나 토착왜구를 척결하기 위한 소탕전으로 여겨지고 있는 셈이다. 1987년 시민항쟁으로 제도로서 민주주의는 완성됐지만, 그 제도를 운영하는 주체들의 마인드는 여전히 시대에 뒤처져 있는 셈이다.

자유민주주의는 다원성을 인정하는 데서 출발한다. 자유주의자는 사회에 자기와는 이념, 이해, 가치관이 다른 이들이 존재하는 것을 당연하게 여기고 대화와 논쟁, 혹은 협상과 타협을 통해 그 차이에도 불구하고 모두가 합의하는 방안을 찾아내는 것에 정치의 본질이 있다고 생각한다. 반면 좌우익의 전체주의자는 나치 법학자 카를 슈미트의 말대로 정치성의 본질이 세계를 적과 아로 구분하는 데 있다고 본다. 이 경우 정치의 목적은 적을 섬멸하는 것이다. '정치'에 대한 우리 사회의 관념은 이 두 정의 중 전체주의적 관념 쪽으로 기울어 있다.

아직도 우리 정치는 1987년 체제에 갇혀 있다. 그나마 참여정부까지는 보수정권하에서든, 진보정권하에서든 그 틀에서 일정 정도 민주주의가 성장할 수 있었으나, 그 후 우리의 정치 문화는 후퇴를 거듭해왔다. 정치는 경제의 선행지표다. 민주주의의 후퇴는 곧 경제를 비롯한 사회 전체의 정체로 이어질 것이다. 한창 '국뽕'에 취해 있는 지금이야말로 일본식 '잃어버린 20년'의 시작인지도 모른다. 정치든 사회든 뭔가 근본적 혁신이 필요하나, 그 혁신의 비전은 보수와 진보의 생산적 경쟁을 통해서만 얻어지고, 두 진영 사이의 합의를 통해서만 실현될 수 있다.

이제 과거 정권들이 심어놓은 전체주의적 사고방식에서 벗어

진중권 보수를 말하다

나 새로운 정치적 커뮤니케이션 방식을 고안해야 한다. 그것은 물론 우리가 입으로 떠들면서 실제로는 이해하지 못했던 자유주의를 실천하는 데서 출발한다. 내가 보는 것을 상대는 보지 못하고, 상대가 보는 것을 나는 보지 못한다. 그래서 사회에는 서로 다른 다양한 시각이 있어야 하는 것이다. 내 시각은 너의 편향을 견제해주고, 너의 시각은 나의 편향을 바로잡아준다. 그럴 때 사회는 올바른 길로 나아갈 수 있다. 새는 두 날개로 난다. 한쪽 날개가 잘린 새는 날지 못한다. 사회도 마찬가지다.

진중권
보수를
말하다

1판 1쇄 인쇄 2020년 12월 7일
1판 1쇄 발행 2020년 12월 7일

지은이 진중권

발행인 임채청 | **출판편집인** 허 엽 | **출판국장** 박성원
편집장 정위용 | **차장** 구자홍 | **편집** 송기자 | **디자인** 최진이

펴낸곳 동아일보사 | **등록** 1968. 11. 9(1-75) | **주소** 서울시 서대문구 충정로 29(03737)
마케팅 02-361-0922 | **팩스** 02-361-1192 | **편집** 02-361-0947
홈페이지 http://books.donga.com | **인쇄** 중앙문화인쇄

ISBN 979-11-87194-88-0 03300 | **정가** 15,000원

이 도서의 국립중앙도서관 출판예정도서목록(CIP)은 서지정보유통지원시스템
홈페이지(seoji.nl.go.kr)와 국가자료공동목록시스템(www.nl.go.kr/kolisnet)에서
이용하실 수 있습니다.(CIP제어번호: CIP2020050623)